U0452687

孩子们都喜欢的语文课

常丽华 著

长江出版传媒 长江文艺出版社

自 序

  1987年的那个暑假，当我得知自己竟然被一所师范学校录取时，大哭了一场。那时候，我胆小到无法在人多的场合说话，只喜欢一个人读书、写日记；那时候，我并不知道将来要做什么，但要成为一名老师，在我看来，却是一件极为恐怖的事情。

  因为，我内向、胆怯又自卑，无法想象自己站在讲台上会是什么样子。

  可是，当我真站在讲台上，却发现除了做老师，不知道还有什么事情更吸引我。孩子们给了我力量，和他们在一起，我变得活泼、轻松又自如。重要的是，孩子们让我看到了最好的自己。

  一个人赖以生存的工作，恰巧又是他最喜欢的，这是最幸福不过的事。

  我爱极了我的教室。关上门，教室就是一个安全、自由的王国，我和孩子们能想到的所有美好的事情，都可以在教室里成为可能。我会有狼狈、疲倦、茫然的时候，却从未想过离开。因为只有在教室里，我的心才会安定。

  慢慢地，我有了自己很朴素的理想：让我的生命和遇到的每一个孩子的生命，都能在教室里开花；让每一个孩子能在清晨醒来时，对即将开始的一天充满期待和向往；让每一个孩子结束一天的学习回家时，能对教室充满留恋和不舍。

  教室，就是我们想要到达的地方，它包含了我们论及教育时所能想到的一切。

2004年9月，我从一年级开始带一个班，一带就是五年，并得到原新教育研究中心干国祥老师和马玲老师的帮助。那五年，我带着孩子们读了几百本书，去过很多地方游学，经历了完整的"在农历的天空下"的诗词课程，最终，孩子们以优异的成绩小学毕业，我的教室被评为"新教育十佳教室"。

但是，总有遗憾。课程不成熟，自己对生命的理解也远远不够。教育到最后，无非是守着一颗仁心。我经常反躬自问：那一个个活泼泼的生命，有没有在我们共同的教室里开出他生命自性的花朵？

我不敢回答。

所以，2009年9月，我又从一年级开始，把教室命名为"小蚂蚁教室"，和他们经历了三年最为难忘的旅程。干国祥老师和马玲老师持续的指导和帮助，让我受益良多。和我共同走过这三年的，还有数学老师杨红芬，音乐老师崔晓梅，我们是志同道合的战友。

每天早晨，我们都在音乐和诗歌中开始一天的学习——这是我们的晨诵课程。一、二年级，我们诵读了大量有趣的童谣和优美的儿童诗。三年级，我们开始浩浩荡荡的古诗词课程——在农历的天空下。我们跟随着二十四节气，走进唐诗宋词，走进古老的中国文化。中国的语言，中国的文化，从根本上塑造着孩子们的精神世界。

每个学期，我们用一个多月的时间学习语文课本，大部分时间阅读经典。一、二年级时，大量的绘本和桥梁书，以及极富挑战的安徒生童话课程，引发了孩子们对阅读的兴趣。从三年级开始，孩子们在大量童话、小说的阅读中，完成阅读的自动化。写作跟随着阅读和生活，孩子们走到哪里写到哪里。孩子们拥有的读写能力，让他们在考试中赢得高分。

每个学期末的童话剧，在崔晓梅老师的指导下，孩子们在舞台上演绎的精彩故事，令人骄傲。三年级结束时，新教育年会在我们当地召开，上千人的会场里，全班孩子演出的《绿野仙踪》，被很多老师评价为"一场堪称专业的演出"。三年以来，孩子们全员参与演出了六场童话剧，这是一个让孩子们飞扬起来的舞台。

每个学期的旅行课程，也是孩子们最盼望和向往的。天气好的周末，我们都会拿出一天时间去爬山。每个长假，都会有远途旅行：威海的野生动物园，杭州的西湖，婺源的油菜花，南京的乌衣巷和梅花，北京的长城……2010年国庆节，我们一起去上海参观世博会，孩子们穿着班服走在世博园里时，也是世博园最独特的风景……游学带给孩子们的，是对大自然的爱，是开阔的视野，是面对问题的勇气和智慧，是"我们在一起"的美好时光。

这样的教室，这样的生活，让我看到了生命的美好，也看到了自己和团队的力量——虽然遗憾很多，力不能及的地方也很多，但我们始终兴致勃勃地往前走着。

虽然只有三年的时间，但孩子们良好的精神气质和一颗爱学习的心，为后面的学习打下了坚实的基础。"小蚂蚁"们进入中学后所表现出来的目标感和自信心，是对我们共同生活最好的回馈。

2012年9月，我来到北京亦庄实验小学。

这是一所刚刚诞生的学校，是以深度变革为万众所瞩目的北京十一学校的第一所直属分校。北京十一学校李希贵校长聘请李振村担任北京亦庄实验小学校长，他希望李振村校长带领大家开创出一条新的小学课程之路。

李振村基于自己几十年的小学教育思考和探索的积累，提出了"全课程"教育理念，带着我们做了一年的课程准备。2013年9月，"全课程"在北京亦庄实验小学正式起航。我又从一年级开始带了一个班，还是命名为"小蚂蚁教室"。

全课程首先是一套理念系统：

孩子是所有课程的终极目标。每一个孩子，不应该被贴上标签，而应是一个完整的、独立的人。我们的使命，是让每个孩子全面地发展，拥有成就和尊严。这就是全课程的育人目标——"全人"。

知识需要被重新定位。知识不应该是零碎的、肤浅的，而是整体的、系统的；每一门学科，不应该孤立在自己的学科框架内，而应该经由生活发生丰富的多项链接，构成完整的体系，服务于生命的成长。

学习需要被重新定义。学习不应成为一个被动接受的过程，而应该是主动探究的、有过程体验的。好奇心要始终伴随学习的过程。

课程设计要面向未来。未来，需要有跨学科能力的创新工作者，我们就不应该只守着自己学科的大门，而要打通学科壁垒，在跨学科中培养孩子的综合素养。

全课程也是一套资源系统：以国家课程标准为基线，以部编教材的学习为抓手，同时又以"大主题 + 跨学科"为原则提供学习资源，给孩子更为真实、丰富、有趣的学习生活。

全课程还是一套方法论：李振村校长提出的"全脑，全身，全息，全时空"成为全课程的基本学习方式。学习应该突破教材的围墙，突破教室的围墙，突破校园的围墙，跟整个社会、自然联系起来。

在孩子最需要安全感的一、二年级，李校长提出了"包班制"的形式。

包班制，不是一个老师教所有学科，而是强调所有老师的教学要围绕这间教室的生活展开，所有老师眼里看到的孩子，都是一个完整的人。班主任是教室的 CEO，负责教室的生态建设。同时，"大主题 + 跨学科"的学习形态，为教室生活的构建，学生个性的发展，以及老师之间的通力合作提供了框架。

在这样的背景下，我从一年级开始重新包班，做班主任。

和我一起包班的赵秀秀老师，刚从北京师范大学数学系毕业。我面临的挑战很大，一方面研发课程，一方面实践课程。我的教室里常年架着摄像机，课堂每天都是开放的。我能感受到自己每天都在突破和创造，孩子们也因此非常喜欢语文课。

我和北京的这群"小蚂蚁"们共同走过了四年的时间。写这篇序言时，正是 2021 年的春节。孩子们已经在读八年级了。秀秀给我的新年祝福中说："常老师，我们的'小蚂蚁'可棒了，阳光、开朗、自信，每个人都有自己的目标。我现在才发现，小学一、二年级对孩子的影响太大了。你知道吗？小燊啊，数学在班级里名列前茅呢。"

小燊！我给秀秀发回去一句话："小燊啊，如果说我要生气、失态、发火之类的，大概率都是因为他！"

"但是他知道，你非常爱他。"秀秀回复一句。

对教育理解力极高的秀秀，知道一、二年级的重要性。所以，这本书，我介绍了一、二年级的课程。我们经常听说，三年级是小学阶段的分水岭，一、二年级成绩好的孩子，到了三年级成绩倒退了。这是一个误解。首先，成绩和能力不能画等号，低年级的成绩很多时候是假象。其次，三年级学业能力跟不上，不是三年级的问题，根源出在一、二年级。就语文来说，如果低段就是教识字、写字和读课本，学习和生活脱离，智力背景没有构建起来，思维品质没有培养起来，学习动机没有建立起来，生命的丰富性缺失，到了三年级，就出现了学业落后的情况。就数学来说，90%的知识，根都在一年级。比如三年级的"倍"，就是一年级比多少的特例；二年级的乘法，就是一年级加法的特例。一、二年级，是整个小学阶段学习的根基，无论是心理发展，还是智力发展。

过年期间，我也收到了在中学做老师的辰妈的短信：

> 孩子们长大了，各自有了各自的样子。辰真是皮得很，各种状况不断，但是也看得出，他具有强烈的独立思考的愿望。他对理科的偏好很明显，但是作文不弱，还是当年"小蚂蚁班"的基础，很有想象力……他们还会继续成长，有自己各自的圈子和个性，但是从某种意义上来说，还是您的"小蚂蚁"……

那一刻，忍不住眼眶一酸。

孩子们四年级结束时，也就是2017年8月，我到了北京朝阳区赫德学校，参与学校创建，做小学部中方校长，让全课程能惠及更多的孩子。

这期间，李振村校长任赫德集团学校的总督学，在他的带领下，全课程不断迭代升级，已经到了 5.0 版。书中课程概要的说明，是希望读者对升级后的全课程有一个全面了解。在此，特别感谢北京赫德学校的老师们，他们的每一间教室，都有全课程独有的温暖和爱，也有因为课程的升级带来的更强大的力量。

目 录

一年级，让孩子与一个个美好的世界相遇 / 001

课程概要 / 003

开启课：师生从哪里开始互相认识 / 013

主题一：我是一名小学生了 / 017

一　**为什么要上学** / 018
　　让孩子们爱上学校，开始安全、温暖的小学生活。

二　**我爱我家** / 027
　　教会孩子们怎样去表达爱，怎样去践行爱。

三　**我是花木兰** / 033
　　每个人都能以自己喜欢的方式在教室里生活。

四　**班级课程：长时段课与教室生活的周历** / 038
　　课程安排，应该应和着生活和学生生命的节奏进行。

主题二：我的动物朋友 / 043

一　**神奇的动物，神奇的我们** / 044
　　在孩子们喜欢的动物课程中，培养他们的探究能力。

二　**课程拓展：从一节课看"浪漫、精确与综合"** / 056
　　尊重孩子的认知规律，重视浪漫期的好奇和兴致勃勃，重视主题背景下的故事、游戏，重视让学习成为生活本身。

三　班级课程：生日故事 / 063

每个孩子都能在生日课程中获得成长的力量。

四　班级课程：从遵守规则到完善人格 / 070

让孩子们参与制定规则、遵守规则，学会解决问题。

主题三：发现春天 / 077

一　在春天的诗歌里载歌载舞 / 078

读诗和写诗，培养孩子们对生活的敏感，对语言的敏感。

二　大自然里的思维课 / 085

到大自然里上课，培养孩子们的观察能力，燃起孩子们的探索欲望，唤醒孩子们鲜活的词语。

三　世界上为什么要有花 / 091

把孩子带入广阔的世界中，自然为课堂，万物是教材。

四　班级课程：神话和科学 / 097

神话神奇的想象，能极大丰富孩子们的生命体验。

主题四：海洋，我来了 / 101

一　海洋和我们 / 102

热情、惊奇、发现问题，尊重生命等，是我们送给孩子们的礼物。

二　我是小哪吒 / 109

我们关注的，是一个个活生生的人，是这个生命最大可能的丰富与卓越。

三　班级课程：节气桌 / 114

一张小小的节气桌，把大自然节气的变化和这间教室，以及孩子的生活紧紧联结在一起。

四　课程拓展：一个故事，又一个故事 / 120

孩子们读过的故事，会带着情感，深刻影响孩子们的精神世界。

二年级，发现更好的自己 / 125

课程概要 / 127

开启课：从哪里开始二年级的生活 / 135

主题一：做最好的自己 / 141

一　**二年级，你好** / 142

　　让孩子们理解"我是与众不同的，我有能力做最好的自己"。

二　**我喜欢我自己** / 147

　　引导孩子在真实和故事中发现每个人的不同，发现每个人如何能做到最好的自己。

三　**共读共写《香草女巫》** / 151

　　从一本书出发，朗读、写作和艺术的结合，是学科自身的能力体现，也是跨学科的融合能力的体现。

四　**班级故事：教养从哪里来** / 157

　　教养不是一个活动，就是我们日常的言行。

主题二：在一起 / 161

一　**关系和沟通** / 162

　　我们生活在关系中，只有通过有效的沟通，才能让关系更和谐，才能让田园更美丽。

二　**共读共写《木偶奇遇记》** / 165

　　"老师能带着孩子们穿越一本书，无论语感、读写能力，还是书中的观念，都会对孩子产生深刻的影响。"

三　**课程拓展：跟着唐诗去旅行** / 170

　　跟着唐诗去旅行，诗词就不单单是语言的艺术，还跟大自然灵犀相通，和历史、地理、人文关联。

四　部编教材：指向技能的训练 / 178

技能训练的核心是"训练有素"，需要平时的刻意练习，做到扎扎实实。

主题三：在春天里，做一件美丽的事 / 183

一　"呼叫自然笔记" / 184

自然笔记中的每一次创作，都来自大自然，来自真实的情境。这样的写作，带给孩子们内在被触动的体验。

二　共读共写《虫子旁》/ 191

只要坚持高品质的阅读，在积累到一定程度后，就会以突然涌现的状态呈现出好的写作能力。

三　班级课程：生日诗 / 196

"生日课"，是一缕虽然细弱却能照亮教室的阳光。

四　班级故事：我们家秀秀 / 201

好的教育，需要老师有足够的敏感，以及对课堂节奏的把握。

主题四：大地与星空 / 205

一　创造星空世界 / 206

每个孩子都沉浸在自己创造的世界里。每个世界，都是被重视、被珍视的。

二　共读共写《丑小鸭》（一）/ 210

不读原著，就无法探究故事里藏着的秘密。

三　共读共写《丑小鸭》（二）/ 215

伟大的故事本身，给了孩子们梦想和力量。

四　班级故事：为什么要上学 / 226

快乐学习，是学习本身的快乐，孩子自我发展的快乐，是探索未知的快乐，是克服困难后获得成就感的快乐。

一年级，
让孩子与一个个美好的世界相遇

有一个孩子每天向前走去，
他最初看见什么，
他就变成什么，
他的所见就成为他生命的一部分。
……

【美】惠特曼

学习，是同新的世界的相遇与对话。

每个孩子，都是天生的学习者。在他们刚刚进入学校时，是多么渴望遇到美好、喜悦和神奇。一年级的四个主题学习，就满足了孩子们的期待，为他们打开一个丰富的、全新的世界。

杜威说，教育即生活。怀特海也说，教育唯一的目的，就是五彩缤纷的生活。生活是什么？生活，是我们当下经历的一切，也是不断地发展和生长。为此，我们把"为生活重塑教育"，视为我们的使命，致力于通过丰富的、有挑战的课程和校园生活，帮助每个向前走着的孩子，在和世界相遇的过程中，建立生命的尊严，在人格和智力上获得成长。

课程概要

一年级的四个主题学习是:"我是一名小学生了""我的动物朋友""发现春天"和"海洋,我来了"。从"认识自我"到"认识社会""认识自然",最终又回到发展了的"我",是我们课程设计始终遵循的原则。

1

怀特海在《教育的目的》中提出了"教育节奏"的概念。他说,生命本质上是周期性的,它由日常周期组成。包括一天中活动和睡眠的交替,一周中工作日和周末的交替,还有季节的交替,学校里上学和放假的交替等。智力领域的发展,也是有周期的,怀特海用"有节奏的"这个词来形容,就是"浪漫、精确与综合"。

怀特海说,"浪漫期是开始有所领悟的阶段,精确期代表了一种知识的积累,要对浪漫期获得的一般事实作出揭示和分析。综合期是精确期的成功,是在增加了分类概念和有关技能之后重回浪漫。"怀特海指出,这种节奏就像漩涡一样,包含着相互交织的循环,并交替占据主导地位。比如,在一个孩子的学习生涯中,小学是浪漫期,中学是精确期,大学是综合期。就小学来说,一、二年级是浪漫期,三、四年级以浪漫为主,适当精确,五、六年级精确学习的比重要大一些。再具体到一节课,甚至一个汉字的学习,也有"浪漫、精确、综合"的节奏。怀特海把它称之为"涡式的循环"。

智力领域的第一个循环周期是幼儿语言能力的获得,怀特海这样描述:"幼儿最初的浪漫阶段,是开始了解物体和物体之间的联系。精确期的第一步,是掌握口语,并把它作为一种工具。综合期的第一步,是把语言作为一种媒介,对物体进行分类,并扩大在认知事物中产生的快乐。"在这个周期中,孩子获得了极大的成功:能说话了,观念可以分类了,感知能力更敏锐了。由此,孩子就开始了对世界的认识,"各种概念、事实、关系、故事、历史、可能性和艺术性,以语言、声音、形状和颜色等,一齐拥入孩子们的生活,激发他的情感,刺激他的鉴赏力,激励他去做相似的事情。"怀特海说,这个无与伦比的浪漫阶段,一直到小学阶段结束。

但在我们当下的小学教育中,一、二年级就过早地、大量地进入精确学习,比如机械的拼音、识字、写字和考试,缺乏浪漫期的惊奇、热情和专注,精确阶段的学习就陷入呆板和无意义中。全课程的一、二年级,尊重孩子的认知规律,每一个主题学习都为孩子打开一扇认识自我、自然和社会的窗户;每一个主题又都遵循教育的节奏,从浪漫感受,到精确分析,再到最后通过作品来呈现综合运用阶段的成果,非常好地满足了学生"有节奏的渴望"。在每个主题结束时,孩子能清晰感受到自己能力的增长,充满信心地进入下一个主题的学习中。

足够丰富、充分理解和及时反馈,是浪漫期保持兴奋的三个原则。

足够丰富,是就学习内容而言。

丰富的反面是单一。一本语文教材,不可能学好语文。单一带来刻板,丰富带来活力。一个人的智力水平,是概念(观念)的发展水平。学习的内容越丰富,发展出的概念就越多,孩子就能呈现出生机勃勃的生命状态。在认识自我的主题中,从自我接纳,到有能力感;在认识自然的主题中,从对花的探究,拓展到对自然万物的观察;在认识社会的主题中,从研究陆地动物到研究海洋动物,从探索大地到探索星空,词语构筑起丰富的概念世界,和真实生活紧密联系在一起——没有任何外在于生活和生命之外的知识。"这时候，知识不受系统程序的支配，孩子们处于对事实的直接认识中，只是偶尔对认识的事物进行系统化分析。"怀特海说的"直接认识"，就是孩子面对学习材料时本真的兴发感动。活泼泼的人，有趣的动物，神秘的自然，深邃的海洋，通过文字、视频、音乐、绘画等路径，在孩子们面前徐徐展开，引发他们的倾听、思考、探索和生活。浪漫期的丰富，决定了这个年龄阶段的孩子视野、情感、精神的充沛，决定了他们的想象力和理解力，也决定了他们能否顺利进入后面的学习。

充分理解，是就学习方式而言。

理解的反面是灌输。灌输，是死记硬背，概念成为死的东西装在大脑里，对智力是一种严重戕害。理解，则是学生主动建构概念的过程。杜威说的"理解是学习者探求事实意义的结果"，包含了两层意思，一是作为动词的"理解"：概念的可迁移。一是作为名词的"理解"：理解（动词）的成功结果，也就是形成的新的概念。在一、二年级，要达到充分的理解，首先要根据目标和评估，精心设计体验学习，让孩子在真实的问题、真实的生活中学习。充分的理解，还意味着学习方式的多样化：讨论、分享、演讲、律动、戏剧等，在无边界的学习中，让孩子自由探索，以达到理解的最佳状态。

及时反馈，是就学习效果而言。

没有反馈，孩子就看不到自己的学习达到了什么标准。反馈越及时，效果越好。孩子的每一次作业，老师通过反馈（集体展现作品或者一对一指导），对每个孩子的作业都给予肯定，并提出下一次作业的期待。

2

一年级四个主题的学习中，我们希望孩子们能理解：

1. 学习，是一件充满挑战和快乐的事情。

2. 我们不一样，我们都很棒。

3. 动物们有自己神奇的、完整的世界，也和人类世界息息相关。

4. 我们生活在大自然中，要向自然中的万物学习。

5. 大海是我们的家园，保护海洋和海洋动物，就是保护我们自己。

在这个过程中，孩子们能获得的重要语文读写技能是（在国家课程标准的基础上的细化）：

1. 喜欢诵读歌谣、儿童诗和古诗，并有一定量的积累。

2. 喜欢大声朗读故事，能达到 500 个绘本故事的阅读量。

3. 享受课堂讨论时的倾听和对话，清晰、自信地表达自己的观点，并善于提出自己的问题。

4. 在阅读文学类作品时，能通过问题理解故事内容，能复述故事，并能在复述时关注细节；能在语境中理解词语的意思，能知道故事的叙述者是谁；能用故事中的插图和细节来理解人物和事件，能对比故事中人物的经历。

5. 在阅读信息类作品时，能提取简要信息；能在成年人的帮助下通过查找资料获得自己想要的知识，并能用自己的语言进行解释，以表达自己的理解。

6. 喜欢写作，喜欢创作诗歌和故事，喜欢制作海报，并喜欢和他人分享。

孩子在学习过程发展出的价值观和语文能力，不是生硬的说教，不是刻板的训练，而是在尊重孩子天赋的基础上，把孩子的主动性引导出来，让孩子自然而然得以发展。在低年级，孩子的好奇心，是最需要保护的天赋。

孩子天生好奇，就如沃兹沃斯的诗句中描述的：

> 有眼不能不看，
> 有耳不能不听；
> 身体感知万物，
> 不由意志决定。

　　孩子面对一个全新的世界，面对那些让人激动的人和事时，天然的好奇心会引发他们去主动探究。好奇心带来的动机最持久，也最快乐。一旦好奇心消失，学习是为了奖惩或者讨好大人，学习的快乐就丧失了。好奇心的消失，往往和成人的漠视或者打击有关。杜威指出了孩子好奇心的三个阶段。第一个阶段是幼儿"瞎鼓捣"时期，这时候的好奇和思维无关，大人需要做的就是提供安全的环境，并给予陪伴。第二个阶段开始喜欢问"为什么"，孩子要通过他人的帮助来填补自己的经验，这时候的好奇是渴望认识世界的奇妙，但不是为了寻求定律和原则。大人需要做的，是热情的回应，让孩子在兴致勃勃的探索中拥有更多的认识。第三个阶段升华为理智行为。杜威指出，在这个时期，"好奇心转变成为儿童要亲自寻求在与人和事接触中产生的种种问题的答案的兴趣"。在这个阶段，教育的使命是：树立更长远的目标，让连续的观察和探究作为达到长远目标的手段。否则，孩子的好奇心就会沦为感官的简单刺激。在每一个主题学习中，老师提供材料和条件，把孩子的好奇心引导到有目的的、能产生结果的、增长知识的学习活动中，就是到达了理智水平。这时候，孩子们不但继续向他人学习，也开始向书本、自然、社会学习，也会发展出更重要的学习品质——专注力。

　　在低年级，好奇心带来的兴趣、主动性和专注力，要伴随学习的全过程，以最自然的状态，构建并拥有课程标准要求的情感和价值观、知识和技能。

3

一年级的语文技能如何排序？

正确的顺序是：朗读、识字、写字和写绘。

大声朗读，是一、二年级最关键的能力，我们排在第一位。为什么朗读在前，识字在后？因为人的认知规律是从整体到部分，再到整体（也可以用怀特海的"浪漫、精确、综合"来理解）。从有意义的儿歌、故事开始学习，就是从整体开始。否则，识字就容易成为机械记忆。拼音同样如此。我们想当然地以为，学会了拼音，孩子就可以借助拼音独立识字和阅读了。这是一个错误的观念。拼音是符号，是精确学习。拼音的诞生，本是为了校音。孩子的识字是不依赖于拼音的，因为学习的本质是意义优先：在具体的、有意义的情境中（比如儿歌和绘本故事），识字自然而然就发生了。这就是我们的读本里，为什么以儿歌和绘本故事为主的原因。

歌谣的特点是朗朗上口，核心是节奏。"小老鼠，上灯台。偷油吃，下不来……"小时候，在母亲的怀里听过的歌谣，是温暖的记忆。打着节奏读歌谣，是孩子学习语言的起步。我们根据主题选择的歌谣，都请音乐老师谱上曲子，课堂上，孩子们用各种方式朗读，再加上律动唱出来——用整个身体来学习，是"全课程"一年级重要的学习方式，孩子们因此充满兴趣，无形之中就能理解和记忆。

绘本呢？

绘本，是一年级孩子的最佳营养。因为，绘本是用图画和文字在共同讲述故事。孩子最初的阅读和对世界的认识，是从图画开始的。孩子们把用耳朵听到的故事和眼睛看到的图画结合起来，就像在大脑中上演一出出戏剧：上天入地，尽情遨游。所以，用绘本进行教学，核心应该是故事。

我们要记住：道理是苍白的，故事是伟大的。

绘本的意义是：丰富孩子的生命体验，帮助孩子进行良好的心理建构，以及进行读写能力训练。

绘本教学最忌讳的是：看图说话、分析讲解、道德说教。因此，绘本教学的核心有两点：讲好故事，设计好作业。

讲好一个故事有四个秘诀：

1. 让孩子以角色自居。孩子永远是故事的主角，老师则是主角之外的所有人。在讲述故事的过程中，让孩子成为主角，和主角一起解决问题，和主角一起选择、承担，和主角一起成长。

2. 让故事节奏成为课堂节奏。故事的开始、发展、高潮和结束，也是课堂的开始、发展、高潮和结束，故事节奏和课堂节奏保持一致时，孩子不但能感受故事的结构，还能体验到故事带给他的高峰体验。

3. 自然而然揭示主题。每一个故事讲完后，主题要自然显现出来，而不是生硬地告诉孩子。

4. 运用戏剧理念。用戏剧的理念，通过角色扮演、短剧等方式，让孩子们在故事中充分地体验、感受和理解，当孩子们沉浸其中时，教育的意义就以不易察觉的方式发生了。

故事朗读怎样操作？要进行朗读的绘本，老师在教学中就要聚焦朗读，有意识训练。或者通过孩子们都喜欢的角色扮演，让孩子们对故事和语言足够熟悉，这样就能减少独立朗读的难度。一年级上学期，每周至少朗读一个故事。下学期，每周增加至两到三个故事。故事打印出来以后，老师带着孩子在课堂上通过指读来练习朗读。为了帮助到每一个孩子，老师把自己朗读音频的二维码放在打印稿上，孩子回家后就可以扫码听老师的音频，然后一遍遍跟着音频指读，直到能把故事读下来。不要求一字不错，尤其在最初阶段，孩子连猜带蒙读下来，就要给予鼓励。

为什么一定要大声朗读？

首先，大声朗读帮助孩子建立对语言的敏感，因为是经典的故事，大声朗读的过程就是对经典文字的亲近。其次，故事朗读直接作用于识字，因为这时候的识字是在故事背景下进行的。平时大人讲绘本，关注的是故事的结构和意义，而非具体的字。大声朗读，是把字的音、形、义联系起来。在大声朗读的过程中，词语和词语代表的事物建立关联，词语是有意义的，是形象的。同时，词语在不同的语境里反复出现，词语成了符号，能让孩子自然而然识字。

一年级，朗读时一定要指读，让眼睛把作为符号的字和大脑里呈现的字的图像链接起来。二年级，孩子们识字量增加，词语的符号功能越来越大，就可以不指读了。

理解了大声朗读，也就理解了识字。识字有两条路径：一是自然识字，是在整体背景下（朗读）进行的有意义的识字；二是精确识字，通过字源理解字的意义。字源识字，强调的是这个字最初是怎么创造出来的，这是基于理解的识字教学。

第三条的倾听、对话和提出问题，要贯穿整个小学阶段。倾听与对话，同时也对应国家课程标准中的"口语交际"——孩子当众表达观点的能力。

写字对一年级孩子来说，是非常难的一件事情，对有些孩子来说，不亚于登珠穆朗玛峰。维果茨基说，书面语言是用意象来表示的，它要求把声音符号化，变成书面符号，这对孩子来说是一个完全陌生的系统。而且，孩子开始写字时，很少有写字的动机，不像我们交谈时，每个句子都是受动机驱动的。所以，怎样激发孩子写字的热情，是一年级老师重要的一项任务。

这是全课程一年级教室里的写字本：

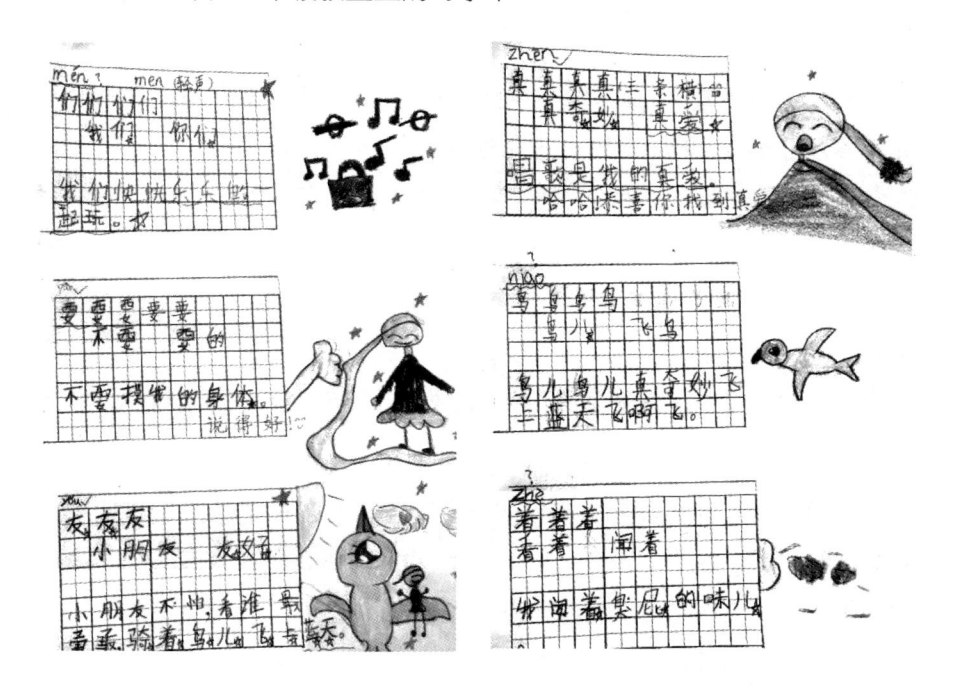

同样是写字、组词、造句，作业设计的理念可能完全不同。

如果只是为了会写、写好，训练就容易机械、刻板；如果能理解每一个词语都是鲜活的，理解词语和句子是思维、沟通、对话的工具，训练写字的同时，就能和生活链接起来，让孩子们对写字也能充满兴趣。孩子们同样用图画，表达他们对自己写下的句子的理解。相比写字，孩子们会更喜欢绘画。绘画语言的运用，也会增加孩子们对书面语言的喜欢。

老师的反馈，则是让孩子们爱上写字的催化剂。他们的每一次书写都被老师珍视。老师绝不敷衍的、有引领作用的回应，也会启发孩子们写出活泼泼的句子。

因为这样的作业设计，让孩子们在书写的起步阶段，就能感受到书写的魅力：被看见、被鼓励、被接纳。随着孩子们书写能力的增加，爱上写故事，就是自然而然的事情。

和这些同样重要的，是孩子们在知识习得、能力培养的过程中，发展出来的情感和价值观，这是对完整的"人"的培养。

写绘，是一年级的写作。写绘，就是用绘画和文字来表达。每学完一个绘本，我们都会通过学习单帮孩子整理思路，让孩子能通过具体的方法，把模糊的"阅读感受"落地，变成清晰的思考、明确的表达。比如，理解情节的故事地图、时间线索图，理解人物的人物档案、人物变化图，理解主旨的大问题，理解概念的海报，以及训练写作的诗歌创作、续编故事等。

由此，我们可以看到全课程作业设计的原则：基于理解和运用，而不是机械记忆；基于创造性表达，而不是呆板训练；基于更广阔的研究性学习，而不是画地为牢的简单重复。

整个一年级，孩子们在丰富的背景下，学习如何生活，培养综合素养；学习如何学习，拥有扎实的学科能力，这是指向全人的教育。

开启课：师生从哪里开始互相认识

9月1日。

这是一个让多少即将入学的孩子念叨着的日子。如何开启，意义重大。

在这之前，教室里每个孩子的名字，我和秀秀已经很熟悉了——那份学生名单，不知道念叨了多少次。

还不到8点钟，爸爸妈妈已经陆陆续续陪孩子走进教室，秀秀根据个子高矮随机安排座位。教室里安静而热烈，每个家长的眼睛里都充满了期待。

第一天，我们从哪里开始互相认识？常规？纪律？这些都是外在的，会破坏孩子内在的秩序感。让孩子介绍自己？这也只是外在的形式，没有共同生活，就不会有真正的认识。有的老师说应该带孩子参观校园，问题是，孩子还从来没有在校园里生活过，参观有多大意义？

等孩子们坐定了，我开口第一句话就是："欢迎你们成为一名一年级的小学生了！你听，喇叭花也在向你表示祝贺呢！"这样，当《喇叭花》的儿歌出现时，孩子们就慢慢舒展开了：

> 喇叭花，爬篱笆，
> 爬到高处吹喇叭。
> 嘀嘀嗒，嗒嘀嘀，
> 小孩儿小孩儿上学啦！

这是一首儿歌，除了用各种方式读唱，更重要的是当孩子感觉到世间万物都在为他成为一名小学生庆祝时，更强化了他对"我是一名小学生"的自豪感。

第二天，就有孩子带了喇叭花来到教室；后来带孩子们出去玩，他们念起的第一首儿歌一定是《喇叭花》——喇叭花，因此成为一个象征。

怎样学习一首儿歌？孩子在概念化之前，要通过运动和体验来学习，以此确认自己在这个空间里并找到自我。因为空间是真实存在的东西。我们每个人都能感觉到自己在空间中，并需要找到立身之地。所以，在一年级，身体的运动比读写算还要基本，身体活动的时间也应多于老老实实坐在椅子上听课的时间。这是一年级孩子非常重要的理解方式。

拍着手读，站起来跺着脚读，手脚并用打着拍子来读，根据儿歌配上合适的动作读，再跟着韵律唱一唱——孩子会真切地感受到他在这首儿歌之中，也在这个空间之中。

"你们知道吗？有一个叫大卫的小朋友，也在喇叭花的歌声中上学了，想知道他上学第一天发生的故事吗？"

同样地，这是一个绘本故事，我们进入的角度仍旧是生活，是"上学"这个概念。在我们的学习中，儿歌与绘本交互交织，成为一个"故事圈"，帮助孩子理解一个个概念。概念的理解，不是生硬的，不是直接灌输的，而是放在故事中。故事展开得有多充分，孩子的体验和感受就有多深刻，概念的理解就有多自然而然。

开学第一天，为什么选择这个故事而不是其他的？这是一个调皮捣蛋的孩子的故事：上学迟到；上课扔纸飞机、吃口香糖、手上涂满颜料乱摸；下课在操场上玩，上课了也不回教室；午餐打饭时插队，打翻了同学的餐盘……当然，一个故事的伟大，总是出现在故事的结尾：因为大卫在桌子上乱写乱画，下午放学时被老师留下擦桌子。可爱的大卫，就把全部同学的桌子都擦干净了，老师奖给了大卫一颗星星，大卫欢天喜地地回家了。

这个故事在讲述什么？每个孩子都在以他的方式探索世界，大卫上学，意味着开始遵守规则，但他不懂得。大卫屡屡犯错，虽然老师在说"大卫，不能"……却没有责骂他，所以，大卫始终是安全的。直到结尾，大卫能通过行动弥补自己的过失，那颗星星是大卫学着长大的标志。

这就是这个故事的意义：让孩子感受到安全感。建立一个没有恐惧的、安全的教室，是师生生活的起点。我知道你会犯错，但我理解你——老师在和孩子们讲述这个故事时，讲述本身就是这种姿态。所以，我没有讲述规则，也不批评大卫，只是在出示每一页图时把文字擦掉，让孩子们以旁观者的角度告诉大卫应该怎么做。欢声笑语中，孩子们理解了大卫，也理解了规则。

多理解，少评判，也是在培养孩子的同理心。

课堂上，从儿歌到故事，都围绕着"上学"展开：当学习不在生活、生命之外时，学习才会对孩子产生意义。以这样的方式和孩子见面，意味着我们将围绕着这些美好的事物，真正生活在一起。

9点半，我和秀秀带孩子们到操场去玩。

孩子们欢欣地在草地上奔跑、逮蚂蚱，在沙坑里玩沙子，我开始和孩子们交谈，让那些熟悉的名字和孩子们对应起来。这时候，我和孩子们之间没了中介，是"我—你"的关系，他们会凑过来和我们聊天，拉着我和秀秀的手跑来跑去——这一切，自然而然地发生。

10点半，我们返回教室。

还是回到大卫身上，我们要来教他唱一首《礼貌歌》：

When I wake up in the morning 说早安
刷牙　洗脸　吃早餐
背书包　绑鞋带
给爸妈一个 kiss goodbye

请　谢谢　对不起

有礼貌的小孩笑嘻嘻

Please　thank you　excuse me

有礼貌的小孩让人欢喜

……

　　孩子们在很自然的唱唱跳跳中，感受到教室生活的美好，而大卫，一直贯穿在我们的生活中。教育即生活——当我们把生活丢弃了，只剩下干瘪的学科知识时，学习就成了无意义的劳作。

　　在这样的课堂上，孩子们不只是坐在座位上，而是和老师一起载歌载舞——我不善唱歌，更不善舞蹈，但就在前几天，当我和老师们一起学着表演这首歌时，心里还是充满了喜悦。课堂上的孩子们也是如此，他们哼唱着，用肢体语言表达着，生命在节律之中自由舒展。这首歌很难，不可能一次学会，我们把它作为一年级每天早上的开启歌——一年级上学期的每个早晨，都用这首歌开启黎明，同时，孩子们也在唱唱跳跳中学习做一个有礼貌的小孩。

　　11点，报到日结束，家长带着孩子们回家。

　　孩子们开心地和我们说"再见"，家长脸上充满了笑意。

　　第一天，师生从哪里开始互相认识？

　　从契合孩子们生活的儿歌、故事、歌声和舞蹈开始，我们互相认识——让美好的事物说话，让孩子们因此对教室充满期待，让教室在第一天就充满安全与自由的气息。老师对孩子们的了解，也将随着课程的展开而开始。

主题一：我是一名小学生了

为什么要上学？

怎样才能交到好朋友？

家是什么？

第一个主题围绕这三个问题展开，希望孩子们喜欢学校，能交到好朋友，知道"我爱我家"的意义，理解自己的独一无二，由此开始安全、温暖的小学生活。

这个主题学习的表现性任务：

1. 教室的黄金规则

2. 自己创作绘本《为什么要上学》《我家是动物园》和《木兰辞》

3. 戏剧《花木兰》

一
为什么要上学

开学前几天，教室里呈现出一副"岁月静好"的样子。没多久，每个孩子就展现出了他们真实的自己：

小涵喜欢读书，但上课时，最多能在椅子上坐五分钟，大部分时间都躺在地毯上看书，或者玩玩具；只要情绪上遇到一点点障碍，他就号啕大哭，然后往教室外面跑；他拒绝和人交流，完全沉浸在自己的王国里。

小颖热情似火，一开学就展现了很高的绘画天赋和运动才能。她身上有一股子犟劲儿，也因此状况不断。

佳佳，柔弱的外表，坚定的内心。我第一次遇到这样的孩子，任何情境，都有自己的立场；任何问题，都有办法解决。极强的学习力，极高的凝聚力。

远远，有一双非常美丽的、清澈的眼睛。很少说话，很少和同学们凑堆玩耍。

杰爱哭，喜欢独处，一个人的时候，总是去写很多很多字。

静，跟着爷爷奶奶生活，总是离我远远的。

几个聪慧的男孩子，各种调皮捣蛋，每天都能收到女孩子们对他们的"投诉"。

……

每个孩子都不一样。我们能让他们如其所是，成为他们能成为的最好的样子吗？

这是一个要用很长时间回答的问题。

1

面对开学初的各种状况，怎么办？外在的强制？奖励与诱导？

这些都有效果，但都不是最本质的。本质的是什么呢？一方面，当老师能理解孩子的行为时，也就能宽容孩子的"出格"。孩子带着家庭教育的烙印来到教室，需要的是慢慢适应教室生活的节奏。另一方面，老师要呈现教室生活的美好，依靠课程的力量，把孩子的注意力吸引到大家共同关注的领域中，内在的秩序感才能慢慢建立起来。

所以，开学第一周，我们通过讨论"为什么要上学"，帮助孩子们理解"上学"的概念。

理解，是一个有别于"知道"的概念。对刚入学的孩子来说，理解上学的意义，要通过故事和他们真实的生活体验。故事是对生活的丰富，生活是对故事的回应。没有故事，教育就是说教，孩子就会恐惧；没有生活，故事就是灰色的，会失去生命。当我们说"为生活而重塑教育"时，就意味着，孩子们所读、所讨论的，就是他们鲜活的生活。

在《大卫上学去》后，我们学习了诗歌《新新的我》，以及绘本《小魔怪要上学》和《老师，为什么要上学》。

《新新的我》改编自金子美铃的诗：

> 新新的课本，放在新新的书包里。
> 新新的叶子，长在新新的树枝上。
> 新新的太阳，照着新新的天空。

新新的同学，走进新新的校园。
新新的老师，还有新新的我。

读这首诗时，我用真实的照片，为每一句配图：教室书架里的书，孩子们的书包；学校里的树，天空的太阳；正在进入校园的孩子们，不同角度的学校。最后一句，则是每一个老师的照片和每一个孩子的照片。这些照片，生动诠释了这首诗，老师不需要任何语言的解释，只要带着孩子们朗读就可以了。这是一首诗，也是一个故事，孩子们在学习用新的视角看学校、看世界、看自己。

为什么要上学？因为，一个新新的世界在等着我们去探索。

当然也有语言训练：一年级的你啊，还看到了哪些新新的事物，藏在新新的哪里？课堂上，要训练孩子们更有逻辑地表达。孩子们你一句，我一句，就有了我们教室的诗歌：

新新的喇叭花，开在新新的篱笆上。
新新的跑道，画在新新的操场上。
新新的食物，放在新新的餐厅里。
新新的学校，藏在新新的亦庄里。
新新的"小蚂蚁教室"，抱住新新的"小蚂蚁"们。
……

孩子们朗读自己的诗，给诗配上画，贴在教室里——这是孩子们做的第一张海报，展示了他们对上学的理解。在这其中，识字、朗读和创作成为表达的工具。

"你不知道我有多喜欢上学。"孩子们常常这样说。女孩子们喜欢黏着我，男孩子们更喜欢黏在秀秀身边。即便放学了，他们也不想离开学校，都想在教室和校园里多玩一会儿。

"我们要给孩子无数个喜欢上学的理由。"李振村校长说，他为此做了很多事情：在教学楼一侧放置了各种大型游乐玩具；操场建了一条百米沙道；楼顶建了开心农场，亲手栽种一棵又一棵树……

"如果周六和周日也来学校就好了。"那时候，不仅仅是"小蚂蚁教室"的孩子，亦庄小学的每个孩子都会这样说。

除了环境，上学意义的探讨，还要回到学习中。《小魔怪要上学》中的小魔怪告诉孩子们，上学，是为了读书，为了获得更多的快乐。《老师，我为什么要上学》中的菲儿则告诉孩子们，上学，就是不断提出问题，并要自己去寻找答案。

为什么要上学？孩子们借助故事和真实的生活体验，能清晰地阐释这个概念：

要学习知识，要学会读书，要知道以前不知道的东西，要快乐，要交朋友，要提出问题，要对自己负责，要让自己更聪明……

小天说："原来，可以用'快乐'来总结啊，读书是快乐的，交朋友是快乐的，变聪明也很快乐。上学，就是为了更快乐！"

小颖说："早知道上小学这么好，我就不上幼儿园了。"

孩子们得出"快乐"的观念，让我很欣慰。没有愉快的学习体验，学习就是负累。保护孩子们的好奇心，让他们保持对学习最纯粹的热爱，成为一个终身学习者，是起点，也是终点。只不过，终点处的孩子，更为强大，更为自由。

儿歌和故事之后，孩子们又去采访自己身边的人，画出他们对上学的理解，装订成一本《为什么要上学》的小书。这是孩子们独立完成的第一本绘本，也是真实的任务，表达了孩子们真实的理解。

上课时，小涵经常听一会儿，就跑到教室后面的地毯上读书去了。我和秀秀观察到，他读书的同时也在听课。问他问题，他都能回答。现在的他，需要时间来慢慢调整——我也是花了不少时间才能理解和接受小涵的这种状态。

2

对六岁的孩子来说，上学首先是来交朋友的。学校是一个小的社会，必须要满足孩子的社交需求。所以，在理解了为什么要上学，感受到了学习的快乐之后，接下来就要学习如何交朋友。

通过对交朋友的讨论，我希望教室里能形成良好的人际关系，希望每一个孩子拥有更多朋友带来的快乐。会交朋友，这也是孩子们未来的一项重要的社交能力。

在这个过程中，绘本对观念的理解起了非常重要的作用。《鳄鱼和长颈鹿》是系列故事，让孩子们理解朋友就是在一起做很多快乐的事情，朋友就是互相理解，哪怕两个人看起来很不一样。《同桌的阿达》《小嘀咕找朋友》和《做朋友吧》，从不同的角度讨论交友之道。

《鳄鱼和长颈鹿》有三本，每一本都让孩子们着迷。第一本是《鳄鱼爱上长颈鹿》，他们竟然缠着我讲了三遍。第一遍看图讲，第二遍练习朗读，第三遍我们玩了角色扮演。

孩子们扮演主动建立关系的小鳄鱼，我扮演一无所知的长颈鹿并担任故事的讲述者。

"哦，亲爱的小鳄鱼啊，你最近的情绪变化太大了。为什么今天突然冷得发抖？"

孩子们马上瑟缩着肩膀，做出很冷的样子。

"为什么，你今天又热得发昏？"

孩子们马上做手拿扇子样，使劲地扇着扇子，嘴里一边说着"热死了，热死了"。

"哦，天哪，为什么你今天看起来很不开心？"

孩子们发出"呜呜呜呜"的哭声，手揉着眼睛，感情非常到位。

"为什么你今天又看起来很开心,你感觉一切那么美好,似乎要拥抱整个世界?"

孩子们马上开心地大笑,还有人友好地拍拍同桌的肩膀。

他们熟悉故事情节,甚至知道后面一句话是什么,依然跟着我的讲述,全情投入,仿佛第一次进入这个故事。

"这是为什么呀?"我问道。

"因为我爱上长颈鹿了呗!就是你啊!"孩子们一起喊。

"哦,爱上我了呀。这可真是一个问题啊,我这么高大。当然,更大的问题是,你想给我一个甜蜜的微笑时,我根本看不到啊。聪明的鳄鱼啊,你想到什么办法了?"

"踩高跷——"当一个孩子站到桌子上时,所有的孩子也都站到了桌子上。桌子,成了他们的道具。

"好可惜哦,"我说着,就低下头从他们身边走过,围着教室转了一圈,"好可惜啊,我今天骑着自行车从你的高跷下面穿过,我没看到你的微笑哦。"

几个孩子试图拉我的衣服,嘿嘿地笑着,好让我看他们一眼。我当然继续低着头,故意不看他们一眼。

孩子们笑翻了。

"聪明的鳄鱼啊,"当我说完这句话,停下来时,孩子们马上从桌子上下来,也马上安静下来。"聪明的鳄鱼啊,我没有看到你的微笑,你会放弃吗?"

"不会!"

"你又想到什么办法了?"

"表演特技!"孩子们又一次站到桌子上,表演各种特技——我当然照样不去看他们,对着门口说:"哦,秀秀老师,你今天的衣服真是漂亮,我有一件事情要告诉你……"

孩子们大笑不已。

"哦,太遗憾了!我在和秀秀老师说话,没有看到你的杂技啊。你又想到什么办法了？"

孩子们马上从桌子上拿起书啊、本子啊、尺子啊之类的东西，充当树叶，又一次站到桌子上，很甜美地微笑着。

"哦，你们为我准备最鲜美的树叶，站到了我每天必须经过的那棵大树上。可是，天哪。今天，我的喉咙好痛啊，我要去买药水，我什么都吃不下了……"我做出很难受的样子，再一次从桌子之间走过，低着头没看他们一眼。

这时候，孩子们的微笑变成了大笑。

"我总是看不到你啊，亲爱的鳄鱼啊，你放弃希望了吗？"

"没有！我要唱歌给你听！"孩子们说着，从桌子上跳下来，坐到位子上。佳佳起头，大家就跟着一起唱起了我们学过的歌。我把提前准备好的耳机塞到耳朵里，也哼着歌，从他们面前走过。

几个孩子嘿嘿地笑着，开始揪我的衣服，扯我的胳膊。我仍旧自顾自地走过。

"小鳄鱼啊，我就是看不到你的微笑，咋办呢？"

孩子们马上做出用绳子套我脖子的动作，我故意把头一甩，一下子撞到坐在前面的一个孩子身上——他也就一下子跌倒了。

"天哪。小鳄鱼啊，为了这个微笑，你付出的代价太大了。你骨折了，住院了，好痛好痛啊。"

孩子们开始龇牙咧嘴。

"等你出院的时候，已经放弃了所有的希望，永远也不会送给我最甜蜜的微笑了。这天，你伤心地走在回家的路上，可是……"我停下来，孩子们很配合地睁大了眼睛看着我。

"砰！砰！砰！"我从教室前面走到后面，再绕回来，做出和他们碰头的动作。孩子们做晕倒状。当我走到教室前面时，马上蹲下来，蹲到和孩子们一样的高度，对他们说："对不起，我没有看到你。"

孩子们好可爱啊——此刻，他们安安静静地，只是看着我笑，我也看着他们笑。"嘿嘿嘿，嘿嘿嘿，嘿嘿嘿……"

教室里，只有这傻傻的笑。这傻傻的笑，从此便成为我们之间的一个小秘密——我爱你，我们是最好的朋友，我愿意为你做任何事情。

当然，如鳄鱼所愿，他和长颈鹿生活在一起，从此过上了幸福的生活。

故事多么奇妙——无论讲多少遍，他们都能深深地沉浸其中。

三个故事讲完后，孩子们仍旧不过瘾：

"哦，我好想再听啊！"

"好遗憾哦，作者只写了这三个故事啊。"

"我们也来写一个吧。"

"好主意！"我故意大声说，"我们30个人，每个人创作一个鳄鱼和长颈鹿的故事，就有33个了耶！注意哦，你的故事，要有一个他们需要解决的问题，问题解决的过程，以及一个你觉得完美的结尾！"

充分的讨论之后，孩子们马上拿起彩笔，"唰唰唰"地画起来……

这是孩子们最初的写作。这时候的绘画，不是为了老师画一颗红星；这时候的认真，不是为了遵守纪律。孩子天然地对故事好奇，当老师能让孩子和故事融为一体时，孩子就渴望去创造新的故事，我们由此可以观察到专注、喜悦、探索、果敢……

这是主动性带来的。学习成为快乐的源泉还是不幸的肇始，其实就在于这一线之间。外在的强制当然是能够有效果的，奖励与引诱也当然能够达到同样的目的，但是唯有生命内在地愿意去尝试、去探索，才是最令人愉悦的。这是生命直接的、当下的满足，它不需要另外的奖励。

孩子们的写绘故事，不是视觉上的"漂亮"，而是他们的成长体验。精力旺盛的小颖，创作故事时的安静和课下的她判若两人。我曾经很担心远远，不爱说不爱笑的她，拿起画笔，就进入了一个完全自由的世界。

同时，我也买了十套油画棒和十套蜡笔放在教室里，每次创作时，忘记带笔的孩子就不会为没有笔而烦恼了。写绘故事有一个基本原则：自由。就绘画来说，孩子想怎么画就怎么画；就故事来说，在一定的结构之内，孩子们天马行空的想象。画完后，我们会通过不同形式的反馈，让孩子看到自己的作品，也让孩子讲述自己的故事。在一年级孩子还不能用书面文字表达时，绘画就是最好的表达方式。孩子天然有交际方面的兴趣，讲给别人听，就是为语言发展找到了动机。

"我每天都在画故事，每天。"有一天，精力旺盛的小亮拿给我看他创作的一个故事，七页呢。说完这句话，他嘿嘿一笑，开心地走开了。

小燊没有足够的耐心，但在他有限的画故事的时间里，也是他难得的安静时刻。

听故事、读故事、画故事，不仅仅是一年级孩子语言发展的重要途径，也是他们此刻最好的生活方式之一。

学会交朋友，是一种能力。孩子们要在故事中理解，也要在生活中实践。为此，我们通过真实的任务，让能力在生活中增长出来。

讨论完《鳄鱼和长颈鹿》系列故事后，孩子们就要在生活中学习和自己不熟悉的同学交朋友：老师把孩子的名字放到一个盒子里，孩子们拿到谁的名字，今天就和谁去交朋友，并把和朋友之间发生的故事画下来——和不熟悉的同学成为朋友，对很多一年级的孩子来说，可不是一件容易的事。随着朋友主题的推进，我们设计了"守护天使"的活动：每个孩子在班里找一个自己想要守护的朋友，用两周的时间去默默守护，还不能让这个朋友知道。孩子们付出爱，同时也得到爱。这个帮助他人、给他人带去快乐的小秘密，让孩子们真正理解什么叫"有能力成为别人的好朋友"。那么，如果有的孩子没有人守护呢？老师们要提前知道每个孩子守护的朋友，落单的，老师就来做守护天使。

"我在班里有很多好朋友。"

"老师也是我的好朋友。"

基于真实的体验，孩子们获得了真正的理解，"交朋友"就成为活泼泼的生活。

二
我爱我家

进入"我爱我家"的主题课程时,"小蚂蚁教室"的秩序越来越好了。

学校与家庭,是孩子最重要的两个生活空间。孩子的教养和道德养成首先来自家庭,学校有责任加深或扩展孩子在家庭中形成的价值观,保持孩子成长的同一性。在一年级,课程的核心价值观是"爱"。孩子在学习爱他人、爱集体、爱国家之前,首先要学会爱家人。在"我爱我家"的学习中,我们希望孩子们能理解的观念是:

家,是一家人在一起的地方;

爱,是一种能力;

我们是家庭的一员,我们互相依靠,又彼此独立。

在课程开启时,请每个孩子画一张全家福,自制一张相框裱起来,带到教室。于是,教室前面的展示柜里,就盛放了一个个家庭的幸福。

第一节课,就从孩子们的画开始。课堂,是孩子们表达自我的舞台。

安安拿着她的画,说:"彩虹是我家的屋顶,太阳是我家的烟囱,草地是我家的地板。我们一家在一起,太阳通过彩虹照进来,我们的脚印闪闪发光。"这个诗一样的、被爱包围着的孩子,那么生动地阐释了家的意义。

每个孩子的画里,都是爱。

单亲家庭的孩子呢？有一个爸爸嘱咐我："常老师，我一个人带女儿，给孩子留作业时，拜托您，用'家长'代替'爸爸妈妈'吧。"逃避不是办法，让孩子理解才能缓解孩子的情绪。我选了《家里都有谁》这个绘本。这个故事从家庭的不同组成形式开始讲起，三个孩子和爸爸妈妈组成的家庭，一个孩子和爸爸妈妈的家庭，两个女儿和爸爸组成的家庭，三个孩子和妈妈组成的家庭——不管哪个家庭，每个人的脸上都洋溢着幸福的笑。

这个故事最了不起的地方，是在特殊家庭后面，都有动物家庭的故事，比如三个孩子和一个妈妈的家庭故事后面，就有这样一幅图：在猩猩家里，猩猩妈妈也是独自抚养孩子……在两个男孩和奶奶组成的家庭后面，就出现了大象的家：年纪最长的母象是首领，母象和象宝宝组成一个家，公象单独组成另一个家……

这是多么自然而然的事情。

一切存在都是合理的——老师讲述这个故事时，不必点破，故事放在这里就够了。

故事讲完后，我让孩子们分角色扮演，以家庭如何度过周末生活切入，在体验中理解不同家庭的组成形式。果真啊，孩子们自由组合，兴致勃勃地排练，什么样的家庭都有。表演一家人的周末生活时，个个都像模像样的——我随机点评，包括周末的时间安排、对父母的礼貌等。

孩子们在戏剧表达中，开始理解"有爱，就有家。家是一家人在一起的地方"。

1

六岁的孩子，对爱的理解和感受来自家人的关心和照顾，是被爱。弗罗姆在《爱的艺术》中有这样的论述：

随着孩子年龄的增长，就会出现一个新的因素，一种新的感情，那就是要通过自己的努力去唤起爱。孩子会感到要送给父母一样东西——写一首诗，画一幅画或者做别的东西。在他的生活中，爱的观念第一次从被人爱变成爱别人，变成创造爱。但从爱的最初阶段到爱的成熟阶段，还会持续许多年。

成熟的爱的原则是：我被人爱，因为我爱人。

我们希望，能教会孩子们怎样去表达爱，怎样去践行爱。

《"爱"这个字》是方素珍的一首诗：

爸爸从来没说过
妈妈也没提起过
我更不好意思说

爸爸把它藏在
我的零用钱里
妈妈把它放在
我的便当盒里

我呀我让它
躲在奖状里
一起献给爸妈

不骗你
这个字
我们家

也很流行耶

一家人表达爱的方式很含蓄，爸爸宠而不溺，妈妈体贴温暖，"我"好好学习回报父母——爱，不是说出来的，而是做出来的。诗歌学完后，让孩子画一画自己家的爱在哪里，回家后和父母分享。这里的爱，是行动，是给予。家庭中的每一个人，都给予这个家，给予自己所爱的人爱。

因为诗歌里的"奖状"，我设计了"小蚂蚁班"的各种"喜报"：创意天才、绘画大师、运动健将、数学达人、写字之星……不聚焦人，而是聚焦一件件具体的事情。孩子们哪一方面做得好，我就颁发一张这方面的喜报，请家长在家里专门开辟一个地方贴出来。

"我把爱放在'喜报'里，一起献给爸妈。"

"'爱'这个字，在我们家很流行诶。"

这是孩子们爱说的两句话。六岁孩子的学习动机，除了兴趣，还有能让自己所爱的人为自己骄傲。

在不同的儿歌和故事里，我们去不断理解和践行爱的能力。读了《让妈妈生气的10个办法》后，孩子们画出了《让妈妈开心的10个办法》，并在生活中践行。

《我永远爱你》中的阿力，打坏了妈妈最心爱的碗，在和妈妈的对话中，妈妈身上兼具"父性之爱"和"母性之爱"的力量，让阿力决定重新创造一个碗送给妈妈。这个故事既讲述了成熟母爱的样子，又让孩子懂得了"爱是责任"的意义。我用了剧本的形式，让孩子回家和妈妈演一演，演的过程，就是理解的过程。

我们提供了不同的途径，让孩子去充分地表达。艺术，也是其中的途径之一。深受孩子们喜欢的《爱我你就抱抱我》《亲爱的谢谢你》《吉祥三宝》等歌，孩子们载歌载舞，不断编出新的舞蹈花样——艺术带给孩子的创造力，是任何一个领域都不能代替的。当我们感慨中国孩子缺乏创作力时，却忘记了这样一个常识：创造力与生俱来，教育的任务不是去培养，而是去唤醒。

绘画同样如此。

美术课上，美术老师带着孩子们欣赏毕加索画的一对母子。孩子们对作品的感受力很强，他们看到了爱，看到了夸张，看到了色块，甚至看到了光影。然后，一张白纸，一盒蜡笔，孩子们和妈妈的故事就跃然纸上。

佳佳画中的自己和妈妈相互对望着，温暖明亮。她把妈妈画得很美，头上开出了两朵花。背景色块四分之三是粉红色，四分之一是大红色。佳佳说，粉红色表示妈妈大部分时间是温和的，大红色表示妈妈偶尔也会发火。母女俩对望的姿态，也是她们日常平等对话的样子。

远远画了竖着的五个色块，看起来有些逼仄，冷色调。她和妈妈在画纸上占的空间很小，而且悬在色块中间，能清晰地感受到她的不安全。但我还是不太懂，就老老实实问她："你画的是什么？可以和我分享吗？"她笑盈盈地说："我画的是我和妈妈被色块包住了，我们想冲出去，可怎么也冲不出去。"

我心里一紧，一下子懂了这个孩子平日的拘谨。父母关系紧张，她又胆小，画面自然就放不开。绘画是最直接的生命表达，我把这幅画给她父母看，聊孩子的情况，希望父母也能懂孩子——借助这些珍贵的作品，我们能因此懂得孩子，思考"爱"的意义。

2

《我家是动物园》通过祥太一家的故事，阐释了"我们是家庭的一员，我们互相依靠，又彼此独立"的观念。讨论并朗读了这个故事后，我设计了让孩子去采访自己家庭成员的活动：请自己的家人说说自己像哪一种动物，以及为什么。孩子因此能有机会和家人深度对话，了解家人心中自己的样子，理解每个人独立存在的意义。

在采访的基础上，每个孩子完成了自己的第二本绘本——《我家是动物园》。分享作品时，我们讨论了自己认为的父母的样子，和采访时父母说的自己的样子的区别。

"妈妈在我心中，一直就是一只老虎！她说自己是温柔的泰迪熊！"小颖说。

"现在你觉得，妈妈像什么呢？"

"一半像老虎，一半像泰迪熊。"小颖想了想，"我写作业的时候，妈妈是老虎。我们一起玩的时候，妈妈就是泰迪熊。"

"通过这次采访，你有什么新的发现吗？"

……

一年级的孩子，虽然能说出"我可能不理解妈妈"的话，但毕竟还没有发展出同理心，很难站在对方的立场考虑问题，我就讲了《朱家故事》。朱妈妈任劳任怨为全家人服务，大家享受得理所当然。直到朱妈妈出走，并留下一张纸条"你们是猪"时，朱爸爸和俩儿子的生活乱了套，他们竟然真的都变成了"猪"——这是他们自己内心的折射。等朱妈妈回来，全家人分工整理家务，爸爸和俩儿子才恢复了正常。借助这个故事，我们讨论了朱妈妈离家出走的原因，以及朱爸爸和俩儿子从人变成"猪"，再变回人的象征意义，初步理解"平等""尊重""同理心"的概念。

讨论完这个故事，再一次和《我家是动物园》进行对比讨论：为什么朱家曾陷入一团混乱，而祥太一家却始终和谐美好呢？

至此，孩子们对"我们是家庭的一员，我们互相依靠，又彼此独立"的理解就更深刻了。

"我爱我家"和"交朋友"一样，强调的都是爱的体验和爱的能力。在爱中成长的孩子，因为安全感的满足，会带着爱，更勇敢地去探索未知世界。

三
我是花木兰

"我爱我家"课程的最后一站,是《木兰辞》。

怎么可能?前面还是有趣的歌谣和绘本故事,接下来就是近 400 字的叙事诗,这也太难了!这是很多家长和老师的第一反应。

事实是可能的。

首先,任何内容,老师都能以适合的方式带给孩子,只要能把握住这个年龄段孩子的特点。学习《木兰辞》,我们不是分析讲解,而是在讲述一个故事——这是符合一年级孩子的学习方式。正因为如此,孩子们不但兴致勃勃,也获得了极大的成就感。

其次,《木兰辞》是叙事诗,也是民歌,朗朗上口,典雅敦厚,读起来并不难。木兰的传奇经历,本身就吸引着孩子们。

对课程来说,《木兰辞》独特的中国文化之美,放在《我爱我家》的主题中,揭示了一个重要观念:作为一个独立的人,如何承担家庭和国家的责任?

那就是"自我实现"。用一年级孩子能理解的表达则是:成为最好的自己。

面对家庭危机,木兰挺身而出;面对强敌侵犯,木兰一心为国;面对荣耀加身,木兰不忘初心,回归家庭。家之长女,国之勇士,自我实现的木兰,在两千多年的历史长河中,熠熠闪光。这人性的光芒,依旧照耀着今天的孩子们。

诗歌的表达非常节制，加之复沓、设问、顶真、互文等修辞手法的运用，非常适合朗读。修辞手法不用讲给孩子，但孩子们通过在理解基础上的朗读，就能感受语言的魅力——不是分析，而是感受。

我们把全诗分成四部分：替父从军、奔赴战场、凯旋、荣归故里。同时，借助信谊原创图画书《花木兰》，用讲绘本的方式，一边提出问题讨论，一边带着孩子们朗读。

课堂上，先从整体入手，让孩子说一说他们所知道的木兰：

木兰是什么人？她做了一件什么事？

你喜欢她吗？为什么？

前者是对故事的概述，后者是让孩子说出自己心目中木兰的样子。通过这样的问题，我们可以了解孩子理解的基础在哪里——每个孩子，都是带着先有的经验进入课堂的。

从孩子们的回答中可以看出，他们的理解和表达都是模糊的，只能说到木兰的勇敢。所以，孩子说完后，我们就借助历史朝代图和木兰从军路线图补充关于北魏、大汗、府兵制的背景知识。在接下来的学习中，基本方式是：初读＋问题讨论＋朗读＋写绘。如何设计问题是最关键的。比如，第一部分《替父从军》的关键问题是：

1. "唧唧"是什么声音？

2. 你认为是什么声音？为什么？

3. 木兰在做什么？从诗中找到证据，也可以借助绘本来解释。

4. 我们可以用一个什么词来形容此时的木兰？

然后，朗读练习，读出木兰的心事重重。

每个小节的学习都遵循这样的流程，课堂上，只要问题清晰，朗读指导到位，孩子就很容易进入木兰的情境中，理解木兰的选择和成长。

一周的学习，我们读木兰的故事，也在思考自己的选择。"唧唧复唧唧"里，有木兰翻来覆去的思考。去，还是不去，不是那么轻易抉择的事情。女孩子们尤其表示赞同，并有"木兰真的不怕死吗"这样的疑问。辰说，当然怕，否则就不会有"女叹息"了。

"那么，你会这样选择吗？"

一年级的小孩子，受故事感染，很英勇地说"我也会的"。

接下来，一旦决定，木兰就毫不犹疑地"东市买骏马，西市买鞍鞯，南市买辔头，北市买长鞭"。在古代的军户制度中，上战场要自己准备装备。孩子们都知道，最难的就是如何女扮男装才能不被人发现。诗歌中没有写出来，但我们从这一句可以推断出，木兰一定是做了很精心的准备。此时的木兰，还是被父母疼爱的女儿，但已经是一个准备上战场的勇士了。爷娘唤女声，和黄河流水、燕山胡骑的声音交织在一起，让我们看到了温柔和勇敢的木兰。有孩子说，也能看到木兰的担忧，否则，就不会反复写"不闻爷娘唤女声"了。同时，父母的牵挂，也不露痕迹地表现出来。中国文化中含蓄的美，诗歌的言而未尽，给人很悠长的回味。

"你会怎么想？"

孩子们说，一定会想家啊，一定也会害怕，但是选择了，就不能总想家，就得做好打仗的准备了。而且，敌人就在前面了。

十二年战场杀敌，只有短短几句话，为什么？孩子们脱口而出：因为木兰是女孩啊！为什么女孩就不能多说几句呢？沉默了一会儿，小涵说，打仗是很残酷的，大概作者不想说得那么详细吧！

孩子的敏感，和诗歌是如此契合。这样的故事描述，又是多么适合一年级小孩子。木兰凯旋，辞掉皇帝的赏赐和官职，是毅然决然的决定，这和最初上战场的反复思量不同。佳佳说，木兰这样决定，因为她本来就是这样啊。说得真好，她本就是为家解忧，而不是建功立业。

女孩子说，如果是我，我也会这样决定的。有些男孩子说，我可能要好好考虑一下。

没有标准答案。不违背本心，怎样选择都是对的。我只对孩子们说了一句：

只要你觉得这样做是对的，那就这样选择。

最后一部分温馨美好，轻松幽默，同行十二年，竟然不知道我是女孩子！雄兔雌兔的句子，诙谐俏皮，活脱脱那个可爱的邻家女孩花木兰。但是，这时候的木兰，已经超越了故事开始的木兰，孩子们用"勇敢、自由、美丽、坚强"等词语，说出了木兰的成长。绘本上盛开的桃花，是故乡、是家园、是"桃之夭夭，灼灼其华"的美。

一周的时间，我们热烈讨论，在反复的朗读中，背诵也水到渠成。孩子们给每一句诗配上画，拥有了第三本自己绘制的小书《木兰辞》，我们在教室里展示出来，孩子们非常骄傲。

一天中午，在操场活动后回教室的路上，和隔壁"小种子班"并行，不知道谁起头，两个班接龙背起了这首古老的歌谣，自信又骄傲。冬日阳光下的孩子，如木兰一样发着光。

全诗学完后，周末再让孩子们温习电影，找出电影和诗歌的不同。在讨论中，孩子们总结：电影很好看，多了木须这个角色，木兰男扮女装早被发现了；

我们读的诗歌也很好，木兰一直没被发现是女孩子，木兰更了不起。

最后，在艺术老师的指导下，我们一起把这首诗排成一幕剧演下来。诗歌语言不变，各种场景全部依靠孩子们的身体动作。孩子们喜欢极了。

小涵对故事讨论充满兴趣，但很抵触表演。演出时，他只做观众，跷着二郎腿看，很悠闲。"小蚂蚁"们不觉得奇怪，很习惯每个人以自己喜欢的方式在教室里生活。

家长们也给予了热烈的反馈。

"学了花木兰，孩子晚上睡觉前就会打开窗户，对着星空喊：花木兰，你在哪里啊？"

"Ms 常，孩子回家，天天在我们面前背《木兰辞》，还和我们说，如果我们家遇到什么危机，他一定会像木兰那样做的。这话说得呀，一脸庄重。"

没有道德说教。道德可以在真实的生活中习得。

后来，作业本上写名字时，有些孩子直接这样写：

花木兰。

四
班级课程：长时段课与教室生活的周历

　　李振村校长一直建议我们要打破 40 分钟课时的藩篱，尝试长时段课，让孩子们在时段足够长的学习中，不受打扰地进行深度学习。从十月底的拼音学习开始，我进行了长时段课的尝试。

　　先说说拼音的问题，如果在孩子刚入学时，花费大量时间学习拼音，一是会让孩子丧失对学习的热情，二是投入的时间和收获很不匹配。所以，李振村校长提出：拼音后置学习，放在第一个主题学习之后。在这之前的学习中，在生字教学时，我经常带着孩子们进行拼读练习（只读不认），让孩子们对拼读有一定的感觉。

　　我们高度重视情境的创设，就设计了这样的情境：拼音国是一个美丽的国家，彩虹桥把声母城堡和韵母城堡相连，恶女巫嫉妒拼音国的幸福，就施了魔咒，让人们都昏睡过去……于是，孩子们俨然以勇敢的小卫士自居，要踏上解救拼音国的旅程。这是学习吗？这是学习，但这是游戏中的学习，是生活中的学习。他们要念出"咒语"（儿歌或者儿童诗），穿过每一道门……最终，孩子们成功解救了拼音国。情境的创设，赋予本是符号的拼音以意义，孩子们自然就能兴致勃勃。

　　回到长时段课。

一年四季轮回，一日黑夜交替，顺应着大自然的节奏，人类春种秋收，日出而作，日落而息，也就找到了生活的节奏。对一间教室而言，师生生活的节奏如何把握？把握好了，师生就是从容的；反之，就容易陷入忙乱之中。

　　在我们的课表上，除了英语和艺术课外，其他地方都是空白的，由我们两个包班老师协商完成。因为我们清晰地知道每个小课程的时段目标，所以，当我们既聚焦于每堂课的目标，同时也聚焦于一天、一周的目标时，我们就是从容的、自由的。

　　如果这一天拼音需要特别的强化练习，我们会两节课连起来，孩子们拿到不同的拼音学习资料，各自练习拼读和书写。下课铃也不会打扰到他们，去卫生间的时间完全自己决定。

　　来自杭州的一个老师，在我们教室跟班听课两周之后，很感慨地说，一般学校的课程表和作息表，像一个巨大的中药铺，横平竖直塞满了各种药材，老师按方取药。在所有的抽屉中，都安排了各种学习内容，老师和孩子完全没有自主选择的空间。孩子们从一堂课走向下一堂课，谁管你多么想把没完成的画儿给画完？谁管你多么想把看了一半的故事书给看完？可是，她看到在我们的课堂上，可以根据学生具体掌握情况调整进度，很感慨地说："全课程一年级的课堂里，读读写写唱唱跳跳，有语文、数学、绘画、美术、戏剧、生命学科的多种元素，又浑然一体。孩子们学的不是一门课程，孩子们在体验和展示自己的生活中，体会到'我在这儿，我很重要'。"

　　课程安排，本就应该应和着生活和学生生命的节奏进行。

　　午餐之后，操场上近一个小时的自由活动。下午写字、数字国游戏、色彩国游戏，孩子们都很有秩序。生命的自然与舒展，一定是在不可碰触的底线之上，孩子们拥有充分的自由后拥有的。

　　教室里的生活，有些内容应该是固定不变的。就像中国人的日历里，春节、元宵节、端午节、中秋节……固定在每年特定的一天里，这一天，就成为我们共同的期待。教室生活以一周为基本单位，每一天也应该有这样一些特定的内容，让这一天与众不同，让孩子对这一天总是充满期待。

最初，一周生活中只有周一的"班会课"是被命名了的，直到十一月初，教室里发生了这样一件事：

有一天，佳佳、鑫然、小颖等几个女孩子找到我，说要表演一个木偶剧时，我答应了，其实也没怎么当回事，就觉得孩子们想玩一玩。就在周二，这几个女孩子利用午饭后的时间，申请到教室对面的阅览室排练，我呢，就在教室里备课，压根就不知道她们在捣鼓什么。没想到的是，大半个小时之后，孩子们来到教室里，一会儿就把教室的桌子放到后面，椅子排成了一个弧形，紧紧围绕着演木偶戏的道具。做这些事情时，她们不动声色，我就好奇了，彻底不做任何干涉，看看她们到底能捣鼓出什么。一会儿，她们几个窃窃私语，好像商量着什么；一会儿，就见她们把椅子往后撤，让道具在舞台中间，像极了一个小剧场。忙活完了，佳佳才走过来和我说："Ms 常，你让同学们都过来看我们演出好吗？"

这时候，其他孩子都在地毯上玩玩具。我招呼大家过来，令我大为惊异的是，她们为同学们上演了一场极为精彩的木偶剧《小红帽》！道具的转换，语言的惟妙惟肖，这几个女孩子一下子就让故事在她们手中、口中醒了过来。孩子们都看呆了，一个孩子说："天哪，我就像在真的剧院里看演出一样！"

我和秀秀站在一旁，只有鼓掌，只有惊叹！

接下来，在鑫然的带领下，几个女孩子表演《套娃之歌》，声音的甜美，舞蹈的优美，再一次赢得了全班小朋友的掌声。她们准备的过程，我什么都不知道，这些入学不过才两个月的孩子，生命的巨大能量就这样迸发出来。为什么？他们已经感受到了这间教室就是自己的家，两个老师天天和她们生活在一起，就是一家人。当一个人觉得自己不管做什么都很安全时，生命本身就有的创造力就会激发出来，而当教室成为一个不断创造奇迹的地方时，教室里的每一个生命，就会处于向上的状态——还有什么，能比这个更重要呢？

那天，是周二。

周二，就成为我们的戏剧日。每天下午放学前的二十分钟，舞台交给孩子，让他们自己策划、主持、演出。

孩子们说，既然周一和周二都有特殊的安排，为什么周三不可以是玩具日？我们可以互相分享自己的玩具！有孩子说，那么，周四就是沙子日吧！我们痛痛快快去沙道里玩！周五呢？孩子们喜欢挑战，那就叫挑战日吧，挑战一次写字，挑战一次阅读，挑战一次口算……

杜威说，兴趣不是依赖外部的刺激，当孩子做的事情和他的天性吻合时，兴趣就产生了。"在组织和指导活动时，我们应记住儿童具有四个方面的兴趣：谈话和交际方面的兴趣，探索和发现方面的兴趣，制造东西和建造方面的兴趣，以及艺术表现方面的兴趣。这四方面的兴趣是天赋的资源，是非投资的资本。儿童生动活泼的生长是依靠这些天赋资源的运用得来的。"教室生活的周历，让孩子们在不同的领域里以不同的方式去探索、去呈现。玩具日，小辰用乐高搭建的堪称宏伟的建筑，迅速在班里刮起了一阵"建筑热"，我们和小辰开玩笑，将来可以去清华大学的建筑系学习。在学校200米的沙道上，孩子们常常捡出各种宝贝：一把钝了的刀，一块奇形怪状的石头……教室一度成为这些宝贝的储藏室。戏剧日总有精彩出现，有时候孩子们也会做成讲故事的专场。挑战日让孩子们对有挑战的学习始终兴致勃勃……

主题二：我的动物朋友

动物为什么会有它们独特的身体特征和生活习性？

动物和人类是什么关系？我们为什么要研究动物？

什么是濒危动物，什么是珍稀动物？为什么要保护它们？

中国为什么会有十二生肖？古人为什么会想象出龙？

第二个主题的学习，围绕这几个基本问题展开，从研究真实的动物，到研究有中国文化背景的十二生肖，层层推进。区别于第一个人文主题，一方面，这个主题侧重研究性学习；另一方面，对动物和人类关系的思考，以及文化课程的讨论，也在培养孩子们的想象力、创造力和人文关怀。

动物主题学习的表现性任务：

1. 动物研究的海报
2. 设计"我的神奇动物"

一
神奇的动物，神奇的我们

孩子对动物，有着天然的兴趣。

小时候听妈妈讲的故事里，大都是动物为主角。传统故事里的大灰狼、小白兔，经典绘本中更为丰富的动物形象，和人一样，能说话，会思考，孩子就很想和它们交朋友，多了解它们。

动物也是孩子好奇心的源头之一：鸟为什么会飞？鱼是怎么呼吸的？小乌龟为什么躲在壳里？……对这些未知，孩子充满探索的渴望，自然也希望能对动物有更多了解。

动物主题，就是从孩子的好奇入手。有了解，才有敬畏。动物和我们共享地球，它们和人类生活息息相关，研究动物，也是认识社会的第一步。

1

课程的开启，从孩子分享自己最喜欢的动物开始，然后学习这首儿歌《羊，羊，羊》：

羊，羊，小山羊，年纪不大胡子长，

鹿，鹿，梅花鹿，头上长着两棵树，
象，象，大白象，鼻子像个擀面杖，
牛，牛，老黄牛，扭呀扭地慢慢走，
虎，虎，大老虎，林中之王真威武。

我们很容易把目标定为两个层面的事实性知识：1. 会读这首儿歌，知道动物们的外形特点和行为特点。2. 能认读要求掌握的词语。

这是"知道"，不是"理解"。我们要通过这首儿歌理解两个大概念："进化"和"哺乳动物"。对一年级的孩子来说，如果直接教概念，就是灌输的方式，是记忆而非理解。从具体的、形象的画面入手，让孩子自己建构出来，是理解的第一步。所以，在熟读、理解字面意思的基础上，通过讨论"羊的胡子为什么这样长？鹿的头上为什么长着两棵树……"，自然总结出"进化"的概念。再通过讨论这些动物的共同点，进而得出"哺乳动物"的概念。

"选择两种你熟悉的哺乳动物，用儿歌的方式，画一画、写一写它们的外形特点或者行动特点，想一想它们为什么会有这样的特点。"

这样的作业设计，既是语言训练，也是对"进化"这个概念的进一步理解。但这时候的概念，是简化的。这时候的理解，不是系统的、科学的，而是直接的、浪漫的，是为孩子们后面的研究性学习做铺垫。

在"小蚂蚁教室"时，研究性学习做得远远不够。北京赫德学校的王琪老师弥补了这个空缺。接下来的课程中，绘本《动物绝对不应该穿衣服》，用拟人化的方式，让孩子们进一步理解哺乳动物身体的特征。《尾巴有什么用》《动物吃饭有讲究》《是谁嗯嗯在我头上》《地下一百层的房子》等绘本，分别从哺乳动物的眼睛、鼻子、尾巴、饮食、大便、家等各个方面，展示了哺乳动物的特征和生活习性。歌谣、故事和丰富的视频资源，通过课题讨论，让孩子得以充分理解。

知识，要会运用，要能解决问题，才是活的。完成一份研究海报，就是对知识运用能力的评估。

王琪老师在教室里展示了怎样做海报的模板，和孩子们讨论海报的基本结构。在孩子们选择自己感兴趣的哺乳动物进行研究时，老师也给家庭推荐了系列书籍和视频资源。因为对探索天然的好奇，因为有工具支撑，每个孩子都兴致勃勃完成了自己的海报。作业不断成为作品展示出来，每个孩子都被看见和尊重，每次学习都被认同和鼓励，孩子从中获得的成就感，激励他们不断去迎接新的挑战。

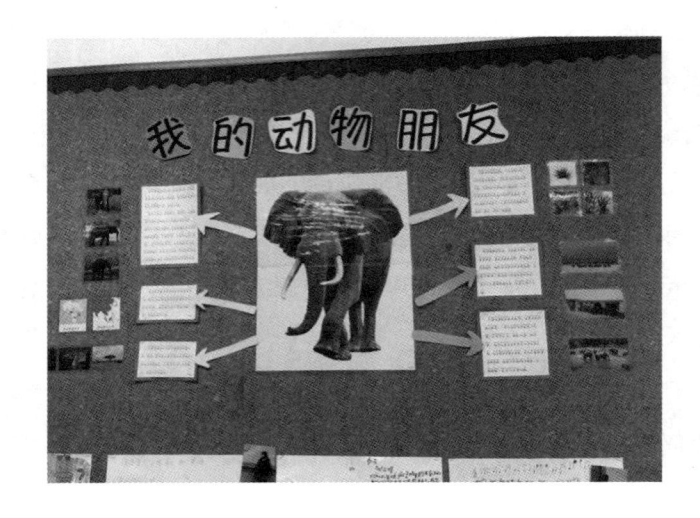

（王琪老师在教室里展示的海报模板）

（北京赫德孩子们的海报作品展）

在课程进行中，老师鼓励孩子们提出问题，并把孩子们的问题记录下来，用小纸条的方式贴在教室后面，孩子们对哪个问题感兴趣，就去把写有这个问题的纸条拿走，研究后再做一份海报，与大家分享自己的研究成果。在北京赫德学校的教室里，贴满了孩子们做的研究海报。

看孩子们提出的这些问题：

鸭嘴兽是哺乳动物吗？

为什么跳蚤吸血后体积不变大？

蛇的身体和尾巴怎么区分？

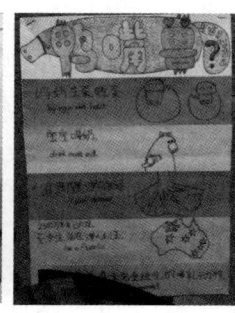

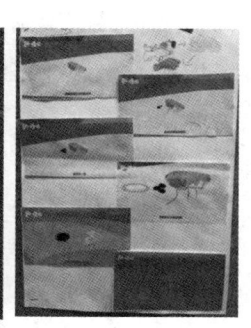

……

提出问题，研究问题，得出结论——孩子们就像专家那样去学习，好奇心得到满足的同时，也进入了理智的阶段。

接下来不同文本的学习，都在完成朗读和识字的基础上往外拓展，进行不同类型的动物研究：读了《小鱼》后研究变温动物，并和恒温动物做比较；读了《蝴蝶姑娘嫁丈夫》后研究昆虫，读了《蜗牛》后研究软体动物……

为了帮助孩子们研究，教室里添置了很多动物的书籍，有绘本，也有科普读物。这些书，既是工具，又是一扇扇了解动物世界的窗户。因为有任务驱动，阅读也成为自然而然的事情。热爱恐龙的孩子，还从家里带来恐龙的书，自发组成了研究小组。

那些未曾了解的知识，就这样极大地激发着孩子们的热情。语文课上，孩子们热烈地讨论；戏剧课上，孩子们模仿不同动物的动作，用身体表现它们的故事；美术课上，老师就从孩子们热爱的恐龙出发，带孩子们研究恐龙，并搭建了恐龙的栖息地……

当然，老师也会在课堂上适当地指明一些简化的概念，以加强学生学习的自然动力。怀特海说："但在自由浪漫阶段，重点是自由，要允许儿童自己观察，自己行动。……没有浪漫的冒险，你最多不过得到了一堆枯燥无味的知识；但是，最坏的结果是你轻视概念——但又不具备知识。"

在这趟浪漫冒险的旅途中，没有框架束缚，没有标准答案，每个孩子都能在动物世界里自由探索和表达，每一种表达都被接纳和赞赏。知识的获得，认知的拓展，伴随着情感的丰富。否则，孩子就会厌恶知识，也轻视概念。

因此，每一节课，孩子们都会完成相关的研究单，把学到的知识进行迁移运用。第一部分课程结束时，年轻的董雅琪老师把孩子们的研究单做了整理，做了一本《我们的动物朋友》手册。封面上，有每个孩子手绘的一个动物。董老师在书的前言中写到的：

> 在持续两周的时间里，孩子们围绕自己感兴趣的动物，研究了它的身体特征、饮食习性和生活环境。研究结束后，孩子们把所有的研究单剪贴、拼合成了属于自己的一页或者两页内容。从最初的选择开始，到每一次研究单的完成，再到最后的拼贴，每个孩子都投入了极大的热情，也呈现出了自己独特的精彩。每一张研究单背后孩子们持续的努力，聚集在一起就成了整间教室生长的力量。

2

动物课程的第二部分，探讨动物和人类的关系。

《来喝水吧》是一本谜一样的书。作者葛瑞米·贝斯带领我们展开了一场激动人心的发现之旅,文字简单,画面丰富,隐藏了科学、地理、环保、生物……是一本"有整个世界的书",被教育部基础教育课程教材发展中心列入中小学生阅读目录中。

这是一个围绕小水洼展开的大故事。

丛林深处有一个隐秘的水洼,动物们不约而同来到这里,只想把水喝饱。随着季节变化,水洼中只剩下最后一滴水时,动物们没有水喝了。最后几页,下了一场雨,水洼里又聚满了水,动物们纷纷返回,继续喝水。

说它是大故事,因为来喝水的动物们分别是非洲、印度、南美洲、中国、欧洲等地的代表性动物——这个小水洼,是地球公民共享的水资源。随着动物们的登场,每一页的左上角都有这个动物所在地区的标志性建筑和气候特征,能让孩子们了解国家、地理、建筑的知识。

说它是大故事,还因为在每一页,作者又隐藏了已经在地球上灭绝的十种动物,以及作为晴雨表的青蛙。每一页的页眉和页脚处,作者都有对这十种动物的暗示。要仔细看,才能发现这些秘密。

我用三节课和孩子们讨论了这个故事。

第一节课,只讲故事,突出动物喝水时的拟声词,让孩子们练习朗读,对故事有整体了解。作业就是朗读练习。

第二节课,带着孩子们推理出每一页远景中出现的地理位置就是动物居住、生活的地方,讨论这些地方的特点,以及动物为什么会生活在这里。作业设计了这十个地区或者国家代表性动物的研究。孩子们任选一个做海报,海报中要包含这个地区或者国家的位置,以及对这些动物的保护措施。

第三节课,观察那些隐藏起来的已经灭绝了的动物,思考故事最后"一滴水"中为什么会有地球的轮廓。注意青蛙数量的减少,理解青蛙作为环境卫生晴雨表的意义。最后,我们通过观看纪录片,讨论了地球生态环境的恶化,对动物和人类带来什么后果,并总结了如何保护地球生态环境。

用来结束这个话题的是珍·古道尔的绘本《我……有梦》。在"小蚂蚁教室"

里讨论这个故事，观看珍的视频，我们都被深深打动。

"太了不起了，珍能听到树汁在树干里唱歌的声音。"小杰说。

"我也要像珍这样。"佳佳说，"但是，我首先要对动物有更多的了解。"

于是，佳佳带动班里的孩子们，像珍那样，开始写写画画自己的"动物笔记"。这完全是他们的自发行为，持续了很长一段时间。虽然动物课程结束后不久，孩子们的笔记也就结束了，当初的梦想也淡忘了，但这就是孩子。一个梦想，又一个梦想，去尝试、去探索一个又一个世界，他们才会慢慢找到自己的热爱。

珍的故事，成为这个单元的升华：为了保护珍稀动物和濒危动物，我们可以做什么？很自然地，孩子们完成了相关的海报，张贴到校园里，呼吁全校同学行动起来。虽然他们是年龄最小的孩子，依旧有力量发出自己的声音。看到高年级的哥哥姐姐们驻足在自己的海报前，孩子们很是骄傲。

对真实动物的研究，扩展了孩子们对世界和万物的认识，孩子们表现出了非凡的热情和学习能力。等到动物课程的第三个层面——十二生肖的文化研究时，孩子们再一次转向内在自我的思考。

3

来自民间传说十二生肖的故事，带领我们思考古人如何看待动物，以及十二生肖对今天的意义。因为班里很多孩子属鼠，讲到鼠靠诡计拿到第一名时，道德难题来了："亲爱的鼠啊，你怎么看待自己的第一名呢？"

"如果我是玉皇大帝，我就把老鼠去掉！"

"快一点儿！快去掉！"

"快去掉！"

孩子们情绪很激动。

我说："对不起，不能把老鼠去掉。因为规则一旦制定，就不能随意修改。

就像我们教室的规则，不能因为个人感情问题而随意修改。"

可是，孩子们竟然这样表态："那我就属猫吧！"

"我也属猫！"

"我也属猫！"

可爱的孩子。他们懂得规则的意义，但他们也更愿意听从内心善良的引导。

从十二生肖的故事，到研究身边人的生肖，再到十二生肖中唯一一个想象出来的动物——龙，很自然成为我们的研究重点。

古人为什么要创造出这样一个动物？龙为什么会成为中华民族的图腾？中国为什么有这么多龙的风俗？我们是龙的传人，神龙存在于我们的身体之中吗？

这四个根本性问题引领着我们，一步步走向深入。从学习上古时代的部落图腾开始，孩子们理解了龙寄托着古人对自身的渴望，所以才有呼风唤雨、上天入地的能力，最高统治者也才会以它为象征。然后，借助读本中的歌谣《龙的风俗》、绘本《火龙》和歌曲《龙的传人》，把今天的生活和此刻的我们带入其中。

《龙的风俗》是很简单的歌谣，但需要重新地阐释。

> 二月二，剃龙头，望子成龙状元郎。
> 三月三，天上望，七彩巨龙长又长。
> 谷雨节，渔家忙，摆供品，祭龙王。
> 五月端午到江上，龙舟竞渡有力量。

"望子成龙"是一代又一代中国父母的期待，课堂上，我引导孩子们去思考，"状元郎"在古代是考试中拿到第一名的人，这是在和全天下考试的人比；今天我们说"状元郎"的时候，是和别人比还是和自己比？

孩子们说，当然是自己和自己比，做到了最好的自己，我们就是自己的"状元郎"。

"比如，就像花木兰那样？"小涵说。

"比如，就像你一样。"我笑着回应他，"你已经快读完了我们班级书架上所有的书，你也是自己的状元郎。"

孩子们会心一笑。

后面的习俗，用视频帮助孩子们理解，在宏大的舞龙和龙舟竞渡的画面中，孩子们初步感受到了龙在中国文化中的意义。

《火龙》的故事，把龙象征的精神意义揭示了出来。

小火龙长得丑，它的本领是吃火和吐火，不能和其他龙一样呼风唤雨，只能和妈妈住在深山里。有一年冬天，下了很大的雪，太阳的颜色也越来越浅，慢慢变成了灰白色，人们都快要冻死了，只能通过烧火取暖。妈妈让小火龙去点着太阳来拯救人类，可要点着太阳，必须要吃很多火——吃人们用来取暖的火。妈妈和小火龙都知道，他这样做，一定会遭到人们的攻击。

"小火龙，你如何选择？"课堂上，我追问的，是故事中小火龙的选择，也是听故事的孩子们的选择。

小火龙选择了去人间吃火，明知道自己会受伤，但也毫不犹豫。孩子们说得真好，如果小火龙不这样选择，最后太阳失去了光芒，小火龙和妈妈也会死啊。拯救人类，也是拯救自己。

但小火龙遭遇到的种种困难，还是让很多孩子掉泪了。音乐中，我讲述着小火龙被人打时的疼痛，以及自己不被人理解的委屈，孩子们难过极了。

"小火龙，你受了那么多委屈，吃了那么多苦，你后悔吗？"我这时候追问的，是一个人如何面对自己的选择带来的后果。

"不会。"

"偶尔会，但我还是不能放弃。"

老师仍旧不要做判断，只需要继续讲故事。当孩子们听到小火龙遍体鳞伤，依旧勇敢地朝向太阳，终于把太阳点着时，教室里一片欢呼。

"小火龙，这么难的事，你为什么能做到？"这个问题，是要把故事的主题讨论出来。

孩子们说了很多，当我给出"神龙心"这个词语时，几个孩子的眼睛亮了。我说："因为你有一颗神龙心啊！这颗神龙心，就是你的勇敢、善良和坚定。"然后，《龙的传人》这首歌响起来，铿锵有力，教室里的精气神也一下子提了上来。

这条神龙，悄悄存在于他们的身体之中了。

音乐课上，艺术老师带着孩子们用舞蹈表达出对这首歌的理解。英姿飒爽，自信骄傲，都在孩子们的一招一式中呈现。

4

在做动物课程时，北京赫德学校的陈晓辉老师创造性地设计了"我的神奇动物"活动，指导孩子们设计一个属于自己的神奇动物，这个动物要有真实动物的三个特点，有两个超能力（超能力要能影响环境、身边的人，或者世界），自己为这个神奇动物命名，写一个关于这个神奇动物的故事——孩子们在动物课程中学到的知识因此得以运用。在学期结束时，老师就把孩子们创造的神奇动物，以奖状的方式，隆重颁给孩子。奖状上，有老师的寄语，也有家长的寄语——从孩子的创造出发，成年人写下对他们真诚的赞美和期待。

在孩子们的创造中，一位家长也发现了孩子成长的秘密：自己乖巧的女儿，设计的神奇动物是会飞的小兔子；别人家帅气的女儿，设计的神奇动物是能拯救世界的凤凰……妈妈说，原来，这就是孩子自己的样子。是小兔子，就不能当成凤凰来培养，那就让她成为那只快乐的小兔子吧。

所有的课程，无论是内部世界的探索，还是外部世界的研究，最终都要回到孩子自身，让此刻的孩子，更丰富、更美好。作为陪着孩子长大的成人，最重要的事情就是理解孩子。没有理解，就没有引导。

在"小蚂蚁教室"里，随着动物课程的结束，第一个学期很快就结束了。复习阶段，我们用闯关的方式，复习一个学期的基本知识：写字过关，识字过关，朗读过关，写绘过关，数学过关……过关有标准，但具体到个别思维还在沉睡中的孩子，我们又不会根据统一的标准给"不及格"，而是充满温度地给一个"需要帮助"。

第一学期的最后一天，是我们的散学典礼。我们邀请家长来到教室，观看孩子们的表演——复习间隙，我们把课堂上读过的那些歌谣，讲过的那些故事，用艺术的方式呈现出来。女孩子们的舞蹈剧《肚子好饿的毛毛虫》和说唱唐诗的舞蹈，男孩子们用 rap 说唱的动物歌谣，全班同学的绘本剧《田鼠阿佛》……

当然，小涵依旧没有参与演出，依旧很悠闲地做观众。

孩子们演出了 30 分钟。佳佳妈说："孩子们的表演，真实、自然、温暖，让人感动得想掉眼泪。"

唯有真正地生活过，创造才会打动人。

演出结束后，我和秀秀为孩子们颁发"生命奖"。这是为每一个独特的生命设置的奖项。第一学期，我们已经走在了绘本阅读的路上，为此，我们为每个孩子在绘本中找到了一个属于他们的自我镜像，用这个绘本来为孩子命名。

第一个颁出的奖，必须是小涵。否则，他会马上从教室逃离。他需要非常确定的安全感。

> 谁是"小蚂蚁教室"的阅读者？很少有小朋友像他那样，看遍了教室里所有的绘本；很少有小朋友像他那样，执着地、一字不错地读完一个故事。因为故事，他有了一个神奇的世界，他是谁呢？

读到这里，孩子们齐刷刷地喊出了他的名字。然后，我大声宣布，他被评为"小蚂蚁教室"的"阅读者奖"。

小涵害羞地看着我，不肯上台领奖。秀秀把奖状送到他手里，给他竖起了大拇指。

  谁是"小蚂蚁教室"的月光男孩？他是一个了不起的探险者，身上隐藏着神奇的力量，他让学习成为探险，让生活充满乐趣。他的巨幅画作，他的南瓜灯，他敏捷的思维，让我们看到了月光男孩的能量，他是谁？

孩子们同样齐刷刷地喊——
小燊！
小燊，被授予"小蚂蚁教室"的"月光男孩奖"！
小燊，高高大大的月光男孩，在颁奖音乐中，小燊拉着爸爸妈妈的手，自豪地走过铺在教室里的红地毯。我和秀秀把奖状交给父母，父母再把奖状送到孩子手中，并向孩子表示祝贺。这是教育共同的力量。
32个故事，在32个孩子那里，成为真实的生活。
小涵往外跑的次数越来越少了。
"四大天王"有时候仍旧让我和秀秀抓狂，但他们对学习的热爱，以及表现出来的独立思考能力，总是给教室新的能量。
佳佳就像里欧李奥尼绘本中的哥尼流，总能在教室里引领新的方向。
……
为生活而重塑教育，激发孩子学习的内驱力，培养孩子内在的秩序感——这是教育的意义，也是我们教室生活的原则。

二

课程拓展：从一节课看"浪漫、精确与综合"

早上往教室走去，不到 7 点半，迎面看到小燊。他欢天喜地地冲我跑过来："Ms 常，我今天第一个来到教室的诶！第一个！"

"什么感觉啊？"

"真爽！"

我们手拉着手来到教室后，他到图书角看书。我开始准备今天的课，黑板上写下了今天要学习的《村小：生字课》。这首诗，是敲开拼音国大门的"咒语"。

1

8 点钟，《礼貌歌》音乐响起来，孩子们围成一个圆圈，我提醒大家注意自己在圆圈中的位置，看看圆圈是否美丽。第一次，小燊和大家一起唱歌做动作，还能提醒身边的同学。然后，从感恩诗开始，一首首诗读下来，小燊一直眼神清澈，声音洪亮。

晨圈的概念，来自华德福。每天早上 8 点 15 分，音乐一响，孩子们就放下手中的书，手拉手拉成一个圈。就像古人围着篝火，我们围绕着每个主题的歌曲、歌谣，唱唱跳跳，或者加上律动朗读。圈圈是最美丽的图形，每个孩子在圈里都有自己的位置，这个位置又影响着圆圈的形状。"我"和"我们"的关系，给了孩子们最直接的理解。孩子们说，我爱"小蚂蚁教室"的圆圈，我爱自己的位置。但在最初，几个男孩子总是不愿意加入进来，站在那里就像一根木棍。我不强求，慢慢等着他们的加入。

长长的《村小：生字课》写了满满两块黑板，这首诗由著名诗人高凯创作，有着浓郁的西北乡村气息，孩子们理解起来是有难度的。我就从讲述一个山村故事开始，并通过 PPT 配上了大量图片：深山里的村落，黑黑的窑洞，那些孩子黑黑的小手，跋山涉水去上学的身影，握着铅笔的长了冻疮的双手，鞋子中露出的脚，拿着课本啃着黑馒头的充满渴望的眼神，课堂上明亮的眼睛……教室里很静，这是一个离他们很远的世界，但看得出来，孩子们还是被震动了。

"这些孩子生活很苦，可是，你看到他们眼睛的特点了吗？"

"眼睛很亮！"一凡说。

"生活这么苦，为什么眼睛还是亮的？他们在想什么？这就是我们今天要学习的一首诗。"

PPT 关掉，朴素地面对黑板。孩子们听我读一遍后，就知道了这首诗讲的是村小的老师在教孩子们识字，并找出了老师教的 5 个字：蛋、花、黑、外、飞。

课堂设计最重要的是节奏，是怀特海提出的"浪漫、精确、综合"的节奏——这时候，背景故事、大量的图片、整体感知就是浪漫阶段，是孩子还未经领悟的东西，但它已经引发了孩子的兴趣，这就为后面的精确学习做了心理铺垫。

2

这首诗 5 个小节，我在黑板上写这首诗时，5 个小节就写了 5 个板块，结构很清晰。

"现在,我们就在山村的那个教室了,怎么来学'蛋'和'花'这两个生字呢?"接着,我就带着孩子们读了一遍:

蛋　蛋　鸡蛋的蛋
调皮蛋的蛋　乖蛋蛋的蛋
红脸蛋的蛋
马铁蛋的蛋

花　花　花骨朵的花
桃花的花　杏花的花
花蝴蝶的花　花衫衫的花
王梅花的花
曹爱花的花

"你发现这两个小节的特点了吗?"

孩子们一脸茫然。

"这个教室里啊,有调皮蛋于小辰,有乖蛋蛋小燊,有红脸蛋石嘉迅,有马铁蛋马镝淞,你们看,第一小节写的是谁啊?"

"男孩子!"孩子们明白了。

"哦,我知道了!"小燊站起来,比画着,很努力地表达着自己的理解:"你看,马铁蛋这个名字,真的和我们刚才看到的照片是一样的。"是的,这样朴实的名字,那样朴实的山村孩子,小燊用敏锐的直觉捕捉到了这首诗的语言的力量。

"天哪,小燊,我真是爱你啊!"

小燊得意极了。

"我喜欢调皮蛋于小辰,喜欢乖蛋蛋小燊,喜欢红脸蛋石嘉迅,喜欢马铁蛋马镐淞,因为你们都是聪明蛋哦。"听我这么一说,孩子们都笑了,这一小节的意思也就理解了。

我在这一小节下面写下了"男孩子"三个字。

"那么,第二小节写的是什么呢?"

像花儿一样美好的女孩子啊,像蝴蝶一样舞蹈着的女孩子啊,穿得漂漂亮亮的女孩子啊,孩子们很容易就懂了。

"女孩子"三个字写在第二小节下面。

然后,我们去感受这首诗的节奏,用不同的方式朗读,孩子们很感兴趣。我注意到,小涵几乎眼睛一眨不眨地看着黑板——这首诗够长,挑战也够大,所以,很自然地吸引了他。

"那么,第三小节又在写什么呢?"

黑　黑　黑白的黑
黑板的黑　黑毛笔的黑
黑手手的黑
黑窑洞的黑
黑眼睛的黑

读过两遍之后,小泽那么清晰地表达了他对这一小节的理解:"这个小节写的是山村孩子的特点,大家看,他们教室里只有黑板,没有电视屏幕,有写字的黑毛笔,他们的手黑乎乎的,他们住在窑洞里,可是他们的眼睛都是亮的!"

一年级的小泽啊,多了不起!顺着他的话,我在这一小节下面写下了"特点"两个字。孩子们用不同形式读过几遍之后,我们又回到了最初的问题:"他们的环境这么艰苦,眼睛为什么是亮的?"

最后两个小节,很自然地就带了出来:

外　外　外面的外
窗外的外　山外的外　外国的外
谁还在门外喊报告的外
外外——
外就是那个外

飞　飞　飞上天的飞
飞机的飞　宇宙飞船的飞
想飞的飞　抬翅膀飞的飞
笨鸟先飞的飞
飞呀飞的飞……

孩子们的思维，就在这样的追问中打开了：他们就在窑洞里读书，很想看看窗外的世界；他们就在山里生活，很想看看山外的生活；他们不仅想看看山外的生活，还很想看看国外的生活……孩子们说到这里就停住了，后面喊"报告"这句话，是他们永远无法理解的，因为他们没有这样的生活体验——在"小蚂蚁教室"里，孩子有事要出去，或者迟到了进教室，都是悄无声息的。这时候，我就插进来说：是啊，就在他们想象着的时候，一个调皮蛋迟到了，站在门外喊"报告"，他进来之后，大家继续想啊，外面的世界啊，到底是什么样子的？这一小节，到底在写什么啊？

梦想！

当孩子们齐刷刷说出"梦想"两个字的时候，教室里发生了奇妙的事：佳佳带头，轻轻地，轻轻地，孩子们唱起了《种太阳》。一开始，是女孩子唱，慢慢地，孩子们都加入进来，声音也慢慢洪亮起来——我轻轻打着拍子，秀秀老师也站在那里，眼睛里漾着笑，这些可爱的孩子啊！这些懂得梦想力量的孩子啊！这首歌，是这个单元的主题歌，它在不同的故事里不断被唱响的时候，就已经和孩子的生命融为一体了。

歌声回荡在教室里，黑板上的诗歌也醒了过来——这首写乡村孩子的诗歌，就这样被一群城里的孩子擦亮了。

梦想。有了梦想，才有了飞翔的力量和翅膀。

"可是，也要有行动啊！你不能就坐在那里瞎想。"小辰说。

所以才是"笨鸟先飞"啊，所以他们才那么认真地读书写字啊。

就这样，这首诗的5个小节，在朗读和讨论中，结构清晰了，每个字都有了意义，一群乡村孩子的故事展现在我们面前。这就是课堂上的精确学习。精确阶段，是对浪漫阶段已经存在于头脑中活跃而混乱的思想进行排序，或者说，就是文本细读。

最后，整首诗连起来，分小组读，男女生PK读，齐读，孩子们读得信心满满。

3

最后的综合阶段，是运用阶段，是浪漫阶段的回归。

"这些山里的孩子啊，想到外面的世界看看，所以，他们每天都在努力学习，要笨鸟先飞，要努力让自己飞得更远。'小蚂蚁们'已经在家里读了玛修的故事，你看到玛修在飞吗？他是怎么飞的？"（玛修，来自孩子们共读的绘本《玛修的梦》。）

他有成为画家的梦想啊，他一直在努力练习画画啊，一开始他还不能飞，可最后他飞起来了——孩子们叽叽喳喳说到这里，小涵站起来，那么清晰地，那么有力地说："当玛修去了一次美术馆之后，遇到了尼克莱塔，晚上他回家就做了一个梦，梦见各种顽皮的色块在他们的脚下变换着，一群太阳和月亮围绕着他们轻柔地舞动着，还有那从远方飘来的乐曲声，这种感觉，就是飞翔的感觉。"

　　小涵！他竟然一字不错地背出了其中的一页！你看他的神情，那么美好！那么纯净！他在说这些话的时候，就是玛修，玛修就是他——小涵喜欢故事，只是我不能确定，要多少这样的故事，才能让小涵真正找到自己，找到一个团队中的自己。但我相信，会有这么一天的。我相信故事的力量。

　　孩子们也听呆了，当我说同桌一起朗读这个故事时，孩子们马上打开这本图画书，没有一个孩子左顾右盼。我走到明亮和于浩身边，带着他们一句句朗读——刚刚读了两页，明亮就一个人自顾自地大声朗读起来，在以前，这对他是多么难的一件事啊！

　　小燊和乐微读完了，就把我拽到身边，把最长的那一页——玛修参观美术展览厅看到的图画，一字不错地读给我听。那么长呢！他读得那么流畅，那么自信。以前读故事，小燊恨不得赶紧跑出去玩，现在呢？他终于能品尝到故事的美妙了。

　　下课后，昕泽蹭到我身边，说："我要挑战 Ms 常哦！"好啊，我俩一人一页，很享受地读完了。

　　玛修的梦，孩子们的梦，还要在后面的日子里不断编织。

三
班级课程：生日故事

很多年前，当我读到华德福的《学校是一段旅程》，看到华德福读老师会在每个孩子生日那天，为这个孩子选一个符合他生命气质的故事，讲给这个孩子听，也讲给全班同学听。我马上在自己的教室里实践，为过生日的孩子精心选一个故事，并且为他写下生日诗——这些分行的句子，连同孩子的照片打印到白纸上，每个孩子一张，全班同学再为他写生日诗，画生日画。所有孩子的生日祝福订起来，就是属于这个孩子的"生日书"——这是每个孩子最为珍贵的一本书。每个孩子的"生日书"做两本，一本过生日的孩子珍藏，一本放到教室里（复制本），孩子们随时可以翻阅。

生日课程，对过生日的孩子来说，是收获爱；对全班同学来说，是给予祝福。成长的力量，则是每个孩子都能在这个过程中获得的。

静过生日时，选来选去，我看中了《重要书》。

严格来说，这是一本带有哲学味道的图画书——让孩子认识自我。每个生命，才是这本《重要书》的主角。我犹豫了很久，对小小的静来说，这个故事送给她，是不是太早了？太急了？

我有些把握不住，就反复地读这本书。

对勺子来说，
最重要的是吃饭。
轻轻握住它，
放到嘴里。
勺子是不平的，
它凹进去，
像一把小铲子，
可以拿它舀东西。

不过，对勺子来说，
最重要的是用来吃饭。

这是第一页。灰白色的背景，三把大小不一的勺子躺在那里，诉说着它们自己的使命。这三把勺子，给我很强烈的家的感觉。勺子的意义，是用来吃饭——不是觥筹交错，而是温馨的餐桌，是一家人聚在一起的温馨时光。

勺子可以舀东西，可以当玩具，但对勺子来说，最重要的是用来吃饭——对我来说，最重要的是遇到了这些孩子，其中一个孩子叫静。

对雏菊来说，
最重要的是
它美丽的白色。
黄色的花蕊，
长长的白花瓣，
蜜蜂落在上面。
它散发着
痒酥酥的香味。

生长在绿色的原野上，
　　那里总是开满雏菊。

　　不过，对雏菊来说，
　　最重要的是
　　它美丽的白色。

　　原野上，一片美丽的雏菊摇曳着身姿。蜜蜂可以从它那里采花粉，路人的脚步会被它的香味留住，原野会因为它而骄傲——但这些有什么关系呢？对雏菊来说，最重要的是它美丽的白色，那是它自身生命的颜色。

　　小小的静，个子小小的，心理年龄并不小。她还有个姐姐。我听说过她姐姐的一些故事，并不让人愉快。听说，她爸爸很希望再有个儿子的，静的出生，让爸爸也很不愉快。静是爷爷奶奶带大的。奶奶经常会很不好意思地对我说，老师啊，麻烦你说说静吧，她太不听话了啊，她就只听你的呢。

　　怎么说她呢？在学校里，静如她的名字，很乖巧，又喜欢读书，很招人喜欢。

　　不过，小可妈妈曾经为静和小可的交往，伤透了脑筋。有一段时间，小可总把静叫到她家里。中午吃完饭，两个人就把门反锁上，小可因此跟着静学会了染指甲，学会了买零食。

　　小小的静，其实是渴望着大人对她的关注。
　　她可知道她如雏菊一般有美丽的白颜色。
　　她可知道，有了她，爷爷奶奶就会幸福。
　　她可知道，她的名字里，蕴含着一个女孩子的美好气质。

　　对草来说，
　　最重要的是它青青的绿色。

>草一点点长高，嫩嫩的，
>有种甜丝丝、青愣愣的味儿。
>
>不过，对草来说，
>最重要的是它青青的绿色。

读来读去，还是决定把这个故事送给静——每年的生日，这些故事都会翻出来讲一遍的。每一遍，静会慢慢理解勺子的意义，理解雏菊、雨或者草的意义——重要的是，静要知道她自己的意义。

从静开始，每个孩子的生日会上，过生日的孩子会坐到教室的最前面——今天，她是最耀眼的主角。

当我开始讲述，从孩子们的眼神里，我发现他们很喜欢这个故事。静当然更喜欢。

"猜一猜，对雪来说，最重要的是什么？"

"是雪花落下时，落到我们手里，那种清凉的感觉，会让人很高兴。"小可说。

"是可以打雪仗、堆雪人。"小轩说。

"静啊，你说，对雪来说，最重要的是什么呢？"我笑着看静，她也笑着。然后，我轻轻地念出来：

>对雪来说，
>最重要的是它洁白洁白
>轻盈的雪花，
>从天空缓缓地飘落，
>晶莹闪烁，
>像星星，又像水晶，

雪冰凉冰凉，
雪会融化。

不过，对雪来说，
最重要的是它洁白洁白。

"静啊，堆雪人打雪仗是别人的事情，雪花像什么也是别人的事情。对雪来说，最重要的是它洁白洁白。"静的眼睛里盛满了笑，我也不解释什么。
就让这些句子慢慢地走进她的生命里吧。
慢慢地，我们一页页猜着，一页页读下来，每一页，我都是对着静说出。

最后一页，白底黑字：
对你来说，
最重要的是你就是你。
你曾经是个小宝宝，
一点点长大，
长成一个大孩子。
你还会继续长，
成为一个女人。

不过，对你来说，
最终的是你永远不要忘记，
你就是你，
你的名字叫静。

"你是谁？能告诉我吗？"我走到静身边，轻轻拉起她的手。她只是笑。

"你就是静啊,你就是这本《重要书》的主角。"说着,生日诗就出现了:

> 对静来说,
> 最重要的是它安宁从容
> 静静的静,
> 心里装着整个世界:
> 小小的世界,
> 调皮,活泼,想变成个小男孩;
> 大大的世界,
> 五彩,斑斓,像一个没看透的万花筒。
>
> 不过,对静来说,
> 最重要的是她安宁从容。
> 是她知道成长不是一天两天的事,
> 而成为一个女孩,又是多么荣耀。

全班同学的朗诵响起来,依旧是天籁般的声音。

故事与名字的同构,这时候发生了奇妙的作用——不需要解释,只需要把这些句子读出来,静的眼睛一下子就亮了起来。

作为主角的静,今天有一个特殊权利:邀请自己最喜欢的三个朋友到教室前面,为她朗诵生日诗。被邀请到的同学,很是骄傲。朋友在今天,也赋予了另外的含义:作为你的好朋友,我永远真诚地为你祝福。三个朋友朗读完后,也要结合这首生日诗,用自己的话,再一次送出祝福。这就要求朗读者要理解生日诗的意思——这是生日课,也是语文课。

接下来的一个环节,我把生日诗中的"静"换成"我",请静起来朗读,自己送给自己。那一刻,教室里安静又神圣,这是一个孩子在生日时,对当下和未来许下的承诺。

最后，每个孩子一张白纸，根据这个故事，画下和写下对小静的祝福。

这个故事，这首诗，会对小静有怎样的影响？我不敢确定。但我知道，在她七岁的生日里，在全班同学的祝福中，她是幸福的。也许，她要在很多年后，才会理解这个故事的意义。

生日课程，是一个孩子成长的仪式。仪式的意义，只有在她自身经历一些事情后，在某个关键点上才能真正发挥作用。在教室里，要用更久远的时间去看待一个孩子，只要有持续的帮助、支持，故事的意义会在后面的日子里慢慢显现出来，意义就不一样了。重要的是，我们要保持对生命独特性的敬畏，以及信任。如果老师总想着教育，想着道德教化，就会适得其反。但教育上的等待，不是傻等，而是张开一切感官等待；不是虚空，而是一种充满生机的空，来容纳她，等她走过来。途径只有一条，那就是日常生活中细致地跟进，以及同理心。一个孩子的自信，不是靠外在的方式培养起来的。道德的本质，乃是一种生命感，是生命之努力向上的愿望。

那么，我就有理由相信，那些故事和诗歌，会在岁月里熠熠闪光。

四
班级课程：从遵守规则到完善人格

1

规则，规定的是行为底线，是自由的前提。但规则不是冷冰冰的，不能生硬地要求。开学第一周，我们就讨论出了"小蚂蚁教室"的规则（孩子们更愿意参与自己制定的规则，他们会觉得自己对班级有贡献，因此能发展出更健康的自我）。

要专心聆听，要轻声说话，要竭尽全力。

要礼貌待人，要轮流分享，要爱护财产。

前三项规则体现的是自己学习和做事的标准，后三项规则体现的是自己和他人、环境如何相处。

小燊总是精力充沛，玩嗨了就什么都忘了。一天下午放学后，他拿着不知道从哪里捡来的铁棍，在隔壁班好几张崭新的桌子上留下了长长的划痕。孩子们把他的"战绩"告到我这里时，我正在和小燊妈聊天。他一下子就蔫了，低头站在我俩面前。我问他："这是怎么回事呢？"

"我和几个同学玩追人游戏，没想到把桌子划坏了。"

"你现在什么感受呢？"

"我很后悔。"

"我知道你很后悔，"我抱抱他，"你认为是什么原因让你把桌子划坏了？"

"我不知道桌子会划坏。"

"这根铁棍能伤到桌子的话，还有可能会怎样？"

"有可能会伤到小伙伴。"

"那么，你能从中学到什么吗？"

"以后，不能拿着危险物品追跑打闹。"

"现在，你觉得应该怎么办呢？"

"损坏东西要赔偿。"

"怎么赔偿呢？"

他看看一旁的妈妈，低下头："让妈妈出钱。"

我使了个眼色给小燊妈："桌子不是妈妈损坏的，不能让妈妈出钱哦。还有什么办法吗？"

小燊想了想："那我自己赚钱吧。"

小燊和妈妈商量了一会儿，想出了一个赚钱计划：在家帮父母打扫卫生，做一些家务活，要竭尽全力去赚钱，把钱赚够——需要多少钱，取决于桌子要修补，还是重新买。

这是孩子承担的逻辑后果，而不是接受惩罚。

惩罚带有羞辱性质，虽然能在当下制止不良行为，但长期来看，带给孩子的可能是报复、愤恨、反叛或者怯懦这些潜意识，并在未来用更糟糕的行为表现出来。承担逻辑后果并学习解决问题，是尊重和信任的，带给孩子的是善于解决问题、敢于承担责任，并愿意合作等有价值的社会技能和良好品格。《正面管教》这本书，清晰定义了"逻辑后果"：需要成人(或者其他孩子)的介入，以决定哪种后果能帮助孩子获得成长，鼓励孩子选择负责任的合作。

在这个过程中，《正面管教》提出了要遵循的四个原则：尊重的气氛，问题要和行为相关，结果要合理，以及对孩子有帮助。所以，大人在介入时，遵循的一般流程是：

1. 心平气和询问原因。
2. 询问感受并和孩子共情。
3. 帮助孩子理解事情何以发生。
4. 让孩子能从中学习到对未来有用的生活技能。
5. 和孩子商量解决问题的办法，并达成共识。

逻辑后果，关注的不是"后果"，而是关注如何解决问题。

事后，小燊妈表示歉意。我说，哪有不犯错的孩子，惩戒不是羞辱孩子，而是让孩子知道如何承担责任，以及学会如何解决问题。学校就是一个可以安全试错的地方，让孩子从错误中学习，是学校的责任之一。

一年级的孩子们喜欢"告状"，是因为他们不知道如何解决问题。教室里的问题总是层出不穷，老师要教会孩子解决问题的流程，这就是在教会孩子有价值的生活技能。这并不意味着，教室里的问题会消失——解决的问题越来越高级，孩子们处理问题的能力越来越强，意味着孩子们的成长进入良性循环。

显然，这是需要训练的。训练，需要时间。

2

在北京赫德学校开展全课程时，关于规则的课程，就越来越细化了，这要得益于和外教一起工作——他们是规则最坚定的捍卫者。外教把一起讨论出来的规则命名为"黄金规则"，并有相应的策略：如果遵守规则，会在周五有二十分钟可以自由支配的黄金时间；如果违反规则，就要根据规定扣掉相应的黄金时间——黄金时间做什么，由孩子们讨论后决定，老师不能以任何理由占用。

用"黄金时间"做为奖励，不是针对人，而是对遵守规则本身的奖励，如果违反规则，就要承担自然后果。自然后果和逻辑后果的不同是：自然后果不需要老师介入，不能对孩子进行批评和指责，只需要温和而坚定地执行——扣掉几分钟，就失去几分钟，自然而然。这样，才能在尊重的环境里，让孩子学习为自己的行为买单。

孩子们很在意通过努力为自己赢得这 20 分钟。被扣掉时间的孩子，会在全班同学一起玩的时候，自己待在旁边，看着同学们玩。扣掉几分钟，就在几分钟以后再去玩。有时候，老师也会陪着扣掉时间的孩子，询问孩子不能一起玩的感受，讨论下周怎样做才能不扣掉时间——没有惩罚，没有羞辱，只是让孩子理解违反规则带来的后果。

就这样，等到下个周一，全班同学又都会拥有 20 分钟的黄金时间，都拥有相同的机会。孩子们得以继续一起出发，一起学习规则。

孩子们在学校生活，还有餐厅规则、校车规则、操场活动规则等，所以，北京赫德学校有非常详细的《学生行为手册》，并规定了如果违反规则要承担的相应后果（三个级别）：

一级后果有谈话、反省等。

二级后果有约谈家长、取消大课间休息时间等。

三级后果有在校隔离、回家反省等。

这里的后果，属于逻辑后果的范畴。

所以，在北京赫德学校，开学第一周，除了讨论班级规则，老师还要和孩子们共同学习学校行为规则，以及要承担的后果。

3

仅仅有规则是不够的。

"小蚂蚁"们进入三年级后，独立解决问题的能力已经比较强了。实在解决不了的事情，再到我这里。有一次午饭后，以小辰为代表的一群男生和以小颖为代表的一群女生，各个眼泪汪汪的，互相指责对方在玩游戏时不遵守规则。

我先让他们各自陈述事情经过，小辰说着说着，委屈如滔滔江水，从这件事出发，一把鼻涕一把泪地追根溯源："……你们今天太过分了！你们就以为我们男生好欺负是吗？"

小颖也哭："你们好欺负？只要你们说了不算就叫好欺负吗？"

等男生女生纷纷讲了事情经过，我用了同样的流程，孩子们也顺利解决了这个问题。但现在来看，我做得还是不够——应该在解决问题的过程中，让孩子们学会理解，学习共情。同理心不是与生俱来的，也必须要在真实的生活场景中训练和习得。比如，我可以再单独和男生、女生分别交谈：

你知道他们为什么这样做吗？

你问过他们这样做的原因吗？

当你们拒绝他们时，你能体会他们是什么心情吗？

下一次再遇到类似的事情，你会怎样处理呢？

阿德勒说，社会情感是儿童心理健康发展的晴雨表，我们要帮助孩子从遵守规则到完善人格。"我能体谅他人"，是很高的人格发展标志。

科尔伯格是美国儿童发展心理学家，他着重研究儿童道德认知的发展，提出了"道德发展六阶段"理论，为学校人格教育提供了理论基础。

第一阶段：我不想惹麻烦。

"如果你不听话，就……"

这种以恐惧为基础的思维模式，在教育中要拒绝使用。我们要孩子们有良好行为，是让他们相信这么做是对的，不是因为害怕惩罚才去做。

第二阶段：我想要奖赏。

奖赏是良好行为的有力诱因，其弊病也显而易见，就是把孩子引向了片面追求奖赏的道路上去，所以，奖赏要有效运用——运用不恰当，奖赏会变成惩罚。同时，我们要让孩子知道，行为得宜是应该的，奖赏只是额外的赠与。

第三阶段：我想取悦某人。

"妈妈，你看，这样好吗？""老师，你是希望我们这样做吗？"

让所爱的人为自己的行为而喜悦，是低龄段孩子心理发展的一个特点。我们认同低龄段孩子特点的同时，要慎用成人的这种"权威"。如果父母和师长长期聚焦于此，孩子就会形成"讨好型人格"，长大后容易沮丧并厌恶工作。

第四阶段：我要遵守规则。

第四阶段是以"我要遵守规则"为表现特征的。这是规则的意义所在，是一个公民应该达到的道德水准。因此，我们会让学生理解规则、接受规则，并且愿意身体力行。如果孩子能从第四阶段来思考，那么，教室就会让每个孩子感到安全、愉悦。家庭教育同样如此。

第五阶段：我能体谅别人。

从第五阶段开始，孩子们的行为会超越规则本身。能体谅他人，是同理心的表现。不论是对孩子或是成人，第五阶段都是很难企及的。能帮助孩子们有同理心是非常了不起的成就。

第六阶段：我有自己的行为准则并奉行不悖。

这几乎是不可能的。但是，我们可以试着从那些伟大的人物身上找到这种特征。经典故事中的伟大人物身上，往往有这样的特质。比如唐僧、甘地等。在那些伟大人物身上，我们可以看到人格的最高发展。虽不能至，但心向往之。

主题三：发现春天

我站在大地上，向石头学习。
我遥望大海，向鱼儿学习。
我凝视天空，向鸟儿学习。
我生活在大自然中，向太阳学习。
它们都是我的兄弟姐妹。

——华德福学校的晨圈诗

我们借用了华德福的这首诗，作为"发现春天"主题学习的开启诗，让孩子们知道，我们是自然的一部分，心怀敬畏，虚心学习。

春天是什么？春天在哪里？

世界上为什么要有花？

风筝是怎么来的？如何做一个风筝？

围绕这三个问题，一年级春天课程，根据春天的时间顺序来编排学习内容，旨在让教室和大自然的步调保持一致。孩子们所学习的，就恰好是他们所能看见、听见、感受和触摸的。

春天主题的表现性任务：

1. 花儿研究的海报
2. 春天的诗集

一

在春天的诗歌里载歌载舞

　　春天是什么？春天在哪里？我用了四首花儿的诗，遵循它内在的逻辑，构成一个诗歌的小课程，帮助孩子们理解这两个问题。

　　诗歌何为？如果诗歌仅仅是朗读、识字，如果诗歌在孩子的生命之外，它的意义就缺失了。学习诗歌的目的，除了感受、理解和创造，还要让每个孩子感觉到自己的生命在场——我在诗歌之中，诗歌为我而来。于是，读诗，便能带来愉悦和领悟。对低段的孩子来说，诗歌是兴发感动而非分析，要让诗歌从孩子的心里涌现出来，而不是逐字逐句分析。

　　第一首诗，选了顾城的《梦想》：

　　　　种子在冻土里
　　　　梦想着春天

　　　　它梦见——
　　　　自己舒展着颤动的腰身
　　　　长睫旁闪耀着露滴的金钻

它梦见——
蝴蝶轻轻地吻它
春蚕张开了新房的金幔

它梦见——
无数花朵睁开了稚气的眼睛
就像月亮身边的万千星点……

种子呵
在冻土里梦想春天……

很多人都说，这首诗太难了！一年级的小孩子怎么能理解？关键在于，我们以什么样的方式带给孩子。这是一粒种子的梦想，你只需要把孩子卷到这首诗中，以故事的方式往前推进，自然有无穷的趣味。

"我们赞美花儿美丽的同时，你可曾想过，当它还是一粒种子时，会有怎样的梦想？"

朗读第一小节。

"这冻土如此坚硬，这地下如此黑暗，小种子啊，你在梦想着什么？"

很自然地，你通过语言的描述，让孩子在不自觉中以种子自居——当他就是那一粒种子时，他的生命就已经和诗歌融为一体了。然后，你把诗歌巧妙地一改：

我梦见——
自己舒展着颤动的腰身
长睫旁闪耀着晶莹的露滴

从"你"到"我",一字之差,天壤之别。表演也好,借助图片理解也好,此刻重要的是孩子的生命在场。朗读指导,也就水到渠成。

"亲爱的小种子啊,你梦见自己冲破冻土与黑暗,你梦见自己被雨水滋润,你已经向世界宣告你的到来,这样的一个梦,就足够了吧?"

又回到第一小节,反复吟哦,并带出第三小节。诗歌的节奏,就是课堂的节奏。就在这种循环往复中,梦想一次次被提及,直到开出万千花朵。最后一小节,和第一小节遥相呼应。

"为什么最后一小节,意思和第一小节一样,字的位置就变化了呢?"问题抛给孩子,总会有惊喜回馈给你。诗歌的解读,没有标准答案。无论是诗歌的节奏需要,还是种子的喜悦表达,或者其他什么理解,都是好的。

把这首诗整体读一遍后,还可以这样问:"种子啊,你还会梦见什么呢?"借着这个问题,让孩子当场创编诗歌,以前习得的语言和已有的经验会被唤醒——词语,在运用中才会被赋予意义。一年级孩子的书面语言表达能力弱,大人可以把孩子当场说出来的语言记录下来,如果能说出几个小节,一首小诗就有了。读诗和写诗,都不是培养诗人,而是对当下生活的敏感,对语言的敏感,以及父母和孩子共同生活的喜悦。

最后,再让孩子们说说自己的梦想——当孩子们神情肃穆地说出来,你不可能不被打动。小博做了一个标准的立正,说自己将来要成为海陆空全能战士。小涵说,他要成为一名真正的科学家。小乐说,她要成为一名画家。小辰说,他要成为一个陀螺高手。当远远开口时,我瞬间被她击倒——她说,她的梦想就是常老师老了还要教着她。

这就是课堂啊。诗歌也好,故事也好,都是一个载体,大人和孩子都能在这里被看见、被启迪、被唤醒。

孩子们一个个说完了自己的梦想,就吆喝着要天天在教室里的数学老师说说,要常老师说说。他们总是很自然地把我们也带进去——这种气氛,让我小有成就。如果不是亲切、自然的氛围,如果不是平日里不断地相互编织,孩子们就不会有这样的想法。年轻的数学老师说，她小时候喜欢把家里的录音机啊、收音机啊什么的都拆了再装起来，梦想着长大了成为一个发明家——没想到，成了老师后，也带着大家做起了实验，小时候的梦想，可不也实现了。我说我小时候的梦想是成为一个作家，长大后果真就成了一个喜欢写故事的老师哦。孩子们呵呵地笑了。

这就是一年级的诗歌：兴发感动，切己体会。

第二首选了殷常青的《初春》：

　　一枚嫩芽
　　在泥土中快活地叫着
　　脱去冬天的衣衫

　　一枚嫩芽
　　带动成群的嫩芽
　　快活地摇晃着脑袋

　　风，在一片摇晃中
　　在一片叫喊声中
　　把春天扶出了地面

这首诗，就可以和《梦想》互文编织了。这枚嫩芽，为什么那么快活地叫着？那是因为整个冬天的梦想啊——舒展着的腰身、蝴蝶的轻吻。这枚嫩芽，为什么要带动成群的嫩芽？还是因为整个冬天的梦想啊——一枝独放不是春，百花芬芳春满园。当诗歌之间互相打通，当孩子发现知识之间的内在联系时，就能看到他们眼里的惊喜。

"谁是那枚快活的嫩芽呢？"

问题仍旧是开放的。每个孩子，都是那枚快活的嫩芽，他们就这样在春天里长大。

第三首诗，是金波的《春天》：

> 晨光叫醒了风，
> 风叫醒了树，
> 树叫醒了鸟，
> 鸟叫醒了云。
>
> 云变成了雨滴，
> 滴落在大海。
> 海水变蓝了，
> 洗亮了升起的太阳。
>
> 太阳睁着亮眼睛，
> 望着树，
> 望着花，
> 望着鸟，
> 到处花花绿绿，
> 到处热热闹闹。

当风把春天扶出地面时，世界发生了什么变化？这首诗的落脚点在最后两行，学习的难点却在第一小节，因为"醒"是诗眼。我写了一个小剧本，让孩子们表演春风、树、鸟、云之间的相互叫醒——春天的万物复苏就表现出来了。戏剧，是具身学习最好的方式之一。至于解读，大家往往拿捏不好诗歌的哪个地方和孩子生命编织，自然是诗歌要达到的地方——让世界花花绿绿、热热闹闹的，仅仅是树、花、鸟吗？不，还有孩子们啊，孩子们的笑容，孩子们的创造，给春天增添了无限生机。

这时候，孩子们自己创作诗歌《春天》，同样异彩纷呈。

最后一首是歌谣《十二月花歌》，是花儿一年的盛开。

怎么学习"正月梅花香又香"？一则，每一首诗的学习，尽量不脱离主题之中的话语系统；二则，故事永远都是一年级的核心。所以，读这首歌谣，你可以讲一个花仙子的故事："嗨，我们是梅花仙子，属于蔷薇科家族的。我们姐妹很多，宫粉梅仙子喜欢穿粉红色的衣服，绿萼梅仙子喜欢穿白色带有一点浅绿装饰的衣服……我们会在正月等待大家哦！"从正月一路看到腊月，孩子一定兴致盎然。最后，我们用《刘三姐》中的唱调，男女生之间、老师和孩子之间开始了对歌：

嗨——
正月什么花香又香诶，嗨，香又香？
二月什么花盆里装诶，嗨，盆里装？
三月什么花红十里？
四月什么花靠短墙诶——

嗨——
正月梅花香又香诶，嗨，香又香。
二月兰花盆里装诶，嗨，盆里装。
三月桃花红十里。
四月蔷薇靠短墙诶——
……

歌声中，教室成了花海，里面站着一群歌唱大自然的人。我们就这样唱着、笑着，沉醉在花的世界里。

春天是什么？

春天是一个生长的过程——从种子，到嫩芽，再到热热闹闹，最后到一年的花儿，春天的生长，也是孩子们的生长。孩子未必能清晰这个结构，但处在这个结构中，思维一步步发展，认知一步步拓展，孩子会感受到完整和幸福。何况，和诗歌课程同时进行的，还有春天的故事，还有每周的大自然课。

四首诗歌结束时，安安也要离开我们了——她要回山东老家，回到父母身边。孩子们也把万般不舍，化在了送给安安的画和故事里——他们一一读给安安听，给了安安一个深深的拥抱。令我惊异的是，孩子们画的几乎都是花！而且，每幅画里的情感，浓厚得几乎溢出来。大大咧咧的小涵，画了很多花，希望安安会经常想起这些我们一起看过的花。他又在自己画的铁树旁边，写了一句"希望铁树开花，希望再能见面"。

祝福安安。如一个孩子所说，要永远像花儿一样美丽。

这就是共同的语言，共同的密码，共同的生活。如果没有这些美好的事物，生活会平淡无味，教室会沦为平庸，人与人之间，也将缺乏有意义的共同话题。教育，就是要在大家都熟识的空间里，创造出美好的生活。

这是大自然的春天，也是我们的春天。

在这期间，我们举行了一次《春之歌》诗歌朗诵会。周末，孩子们自发组织起来，邀请爸爸妈妈参与，共赴一场春天诗歌的盛会。周一的朗诵会，所有孩子隆重上台，或长或短，或抒情或叙事，最好的春天，分明就是他们自己。春天若无诗，该有多遗憾；诗歌若只是零散呈现，春天也成了一个又一个片段。除了对诗歌的领悟，除了朗读能力的提高，孩子们还有揽春天入怀的喜悦。

诗歌的要义，就是这样显现出来的：用美好的歌谣，用动听的声音，唤醒每一个日子，唤醒每一个生命，唤醒每一个词语。

二
大自然里的思维课

苏霍姆林斯基说，词语是思维的工具，要让知识活起来，首先要让词语活起来。用杜威的理论来解释，词语，就是概念。所以，想让学习不至于成为孩子的负担，在低年级，我们的核心任务是把词语（概念）唤醒，这是孩子学习的基础。词语理解有以下几个原则：

一是防止死记硬背。

二是孩子朗诵和阅读的材料，要和孩子的生活打通。

三是构建丰富的智力背景。阅读的材料和生活的体验越丰富，对词语就越敏感。

无论儿歌还是绘本，都是孩子当下能感受和理解的，每一个词语都是鲜活的。除此之外，在一、二年级，我们每周都会在固定的时间、沿着固定的路线到大自然中去上课，有时候在校园里，有时候到学校旁边的生活小区里。

"花的世界"的开启，是谢武彰这首诗：

风跑得直喘气
向大家报告好消息
春天来了

春天来了

花朵站在枝头上
看不见春天
就踮起脚尖
急着找
春天在哪里
春天在哪里

在教室里朗读讨论后，我们就去学校对面繁花盛开的生活小区，看看花仙子的样子，听听它们的声音。

一开始，有些男孩子象征性地看了看，就被健身器材吸引过去了。当带了纸和笔的佳佳努力画出迎春花和桃花的花柱时，秀秀把孩子们招呼过来，讲了两种花的雌蕊在哪里，雄蕊有什么不一样，再让孩子们去观察——这时候的孩子们，眼睛都瞪大了，花里的神奇世界燃起了他们的探索欲望。到大自然里上课，不是噱头，不是简单的游春，而是如何唤起孩子们的惊奇，让孩子们去发现事物之间的关联——思维在这里发生，那些和花儿有关的词语，就以生动的形象进入孩子的大脑中。

小涵指着迎春花的雌蕊，很严肃地说："这个花柱，就是迎春花的宝剑，要来保护迎春花的！"

一会儿，他又对着落了的花瓣说："花瓣为什么会落呢？那是因为这个花瓣的花仙子跑了，花瓣就没有生命力了。"

当孩子弄明白了事物的奥秘，想象力就不再是单纯的天马行空。因为他了解了雌蕊与雄蕊，这个知识本身就给了他更高级的想象。

看到几个调皮的孩子拿着捡来的花瓣向空中抛撒，我和他们商量："要不要把这些花瓣放回它们的家？大地妈妈接收它们后，变成养料，明年的春天，它们会继续开出花来。"几个孩子起初不是很情愿，后来想了想，还是小心地把花瓣放回，其他的孩子也就仿效着去做了。

（李振村校长看到我这个记录时，提醒我当时还是太武断了。说是商量，其实还是我的决定。孩子们虽然放回了花瓣，内心不一定是情愿的，极有可能是迫于老师的压力。如果真的尊重，就应该倾听孩子的想法。）

虽然有这样的小插曲，孩子们回到教室后画画，并配上不少于四行的诗（不会写的字用拼音代替），创造力给了大家大大的惊喜——

安安画了一幅迎春花和桃花聊天的场景，她说：

迎春花和桃花在聊天
聊着聊着
天空就变成半个黄色
半个粉色的了

小区里的桃花和迎春花比邻而居，竟然给了安安这样的联想！

前几天写绘故事总是不能在学校完成的小辰，画了两朵大大的花，他说：

有春天，就有花
有夏天，就有花
有秋天，就有花
有冬天，也有花
我的心里开满了花

不喜欢写诗的小辰，竟然也有这样的表达。这些花儿，就这样住在孩子心里了吧？回到学校，几个孩子看见草地中早已盛开的不知名的紫色小花，纷纷要求老师用相机拍下来——以前天天从这里走过，怎么就没发现呢？就像王阳明所说：你未看此花时，此花与汝同归于寂；你来看此花时，则此花颜色一时明白起来。

远远的画只有两种色彩，花的形状也没有，看起来很随意，可她一张口，我就惊异了——

> 桃花仙子来了
> 迎春花仙子惊讶了
> 赶紧着
> 当窗理云鬓
> 对镜帖花黄
> 漂漂亮亮迎接桃花妹妹

我的远远！她开始对语言敏感起来了！"惊讶"这个词简直用活了！《木兰辞》里的句子，也用得恰到好处。远远书写仍旧有难度，我帮她把口述的句子记录下来。同样让我惊异的是，孩子们准确地画出了两种花儿的雄蕊和雌蕊，把科学与诗歌完美地融合在一起。孩子们用词语、用句子，表达出了关于周围自然界、关于自然美的令人惊异的精细而鲜明的思想——孩子们不是重复老师的话，也不是重复课本上的话，他们借助词语来思维，也感受到了思维的欢乐。

其他班级的老师很奇怪，同样观察回来后的创作，为什么"小蚂蚁"们才思敏捷，语言如此灵动。首先是课堂日不间断的浸润。每一节课上，我们的阅读，我们的对话，语言都是高品质的。老师对语言有多敏感，孩子就对语言有多敏感。其次就是孩子创作过程中老师毫不吝啬的称赞，以及同伴之间的互相启发——就像一凡，他一开始只写了两句儿歌一样的句子，当孩子们互相分享时，他主动把自己的画拿回去，说要再想想，几番折腾，他最终写出了这样的诗句：

花仙子睡着了
　　我们一来
　　她们就醒了

　　思维课写在课表里，有时候也会根据大自然的情况临时调整。就像一个雨后的下午，我把孩子们带出教室，去观察草叶上的水珠。无数次在大自然中上课，孩子们这次的表现尤为惊奇。出发之前，我讲到了"晶莹剔透"这个词语，孩子们也真的看到了：那些雨滴，真像洒落在草丛里的小星星，让人不忍心去触摸。我也第一次从孩子们的神情中，看到了小心翼翼的样子：小心翼翼地轻触草叶，让水珠滚落下来；小心翼翼地让水珠滑到自己的手上，观察它的样子。因为这样的情绪体验，孩子们就有了这样的书写：

　　刚刚下过雨，我看到草叶上有一颗颗水晶一样的露珠，用手轻轻一碰，它就像坐滑梯一样"哧溜"滑下去了，很像一个顽皮的小孩。
　　一颗颗小水珠就像一粒粒亮晶晶的钻石，把草叶打扮得像一个公主；又像一面面小镜子，照出太阳的光芒。
　　……

　　每个孩子起来读自己的句子，充满了感情——这时候，压根不需要指导朗读，这是他们自己内心里流淌出来的句子。
　　小可妈妈告诉我，她家的白色墙壁，早已经变成了小可的黑板——只要学了新鲜的词语，爸爸妈妈就成为小可的学生，她站在"黑板"前，煞有其事地领着爸爸妈妈书空、分析字形，然后练习书写。女儿的那种成就感，让妈妈动容不已。
　　等孩子们到三年级，观察与写作就更为细致了。同样的风景，同样的孩子，思维已经大为不同：

春天已经过去了一半，大自然中很多生命，却刚刚开始。嘘，你听——柳树萌芽了，春花开放了，燕子飞来了……有些人能听到，而有些人，却什么也听不到。是耳朵把听到的打扮得暗淡或者漂亮。我听到了——我的耳朵把一切都打扮得漂漂亮亮。

——摘自佳同学的《青梅如豆柳如眉》

三
世界上为什么要有花

1

　　花的研究,是春天课程的核心内容。除了读诗写诗,我同时用一本科学绘本《世界上为什么要有花》,帮助孩子们理解花的概念。

　　你知道吗?
　　花粉必须要旅行,
　　路上,它也必须要停留一会儿。
　　这样你就能明白,
　　为什么世界上繁花盛开。

　　每一朵花儿,
　　甚至是杂草上开出的小花,
　　都有盛开的理由。
　　……

这个故事用诗意的语言和精美的图画，主要描述了花粉和种子的旅行，花儿不同的样子，以及花儿和我们生活的关系。

学完这个故事后，我们收集各种各样的种子，观察这些种子的特点——对种子的研究，是对生命最初形态的研究，孩子们很感兴趣。然后，我们让孩子种下自己喜欢的、能开花的种子，等待着教室里繁花盛开。

有一天，小依抱着她的花盆，那么欣喜地告诉大家她的种子发芽了。那一刻，有着男孩子气质的小依，眼神温柔，甜蜜地看着那两枚小小的嫩芽。

一天午饭后，我和孩子们在花丛里漫步，调皮的小颖看到一丛丛白色的小野花，那么自然地蹲下来，那么小心翼翼地说："哦，甚至是杂草上开出的小花，也有盛开的理由。"

我感动不已。世界上为什么要有花？对它的解释来自一个诗意的科普故事，对它的理解和感受却来自生活本身。

从这个故事开始，孩子们就开始了花儿的研究性学习。教室后面的墙壁上，也会专门留出一个地方，命名为"花的世界"，来张贴孩子们的研究成果。全课程的每一个主题，就这样把孩子带入广阔的世界中。自然为课堂，万物是教材。

有一段时间，孩子们遇到李振村校长，都会这样和他打招呼：

"'村长'，我们要找你PK哦！"（我们习惯叫他"村长"，孩子们也就跟着这样称呼。）

"行啊，PK什么？我需要准备吗？"

"保密！"孩子们得意而去，留下愣愣的"村长"。

原来，"村长"亲自为孩子们编写了《花的世界》一课，选了十四种有趣的花，图文结合，情趣盎然。怎样的设计，才能点燃孩子们探究兴趣呢？我就想到了和"村长"PK。

课堂上，我先从"村长"介绍的含羞草开始，读图之后读文字，讨论出"村长"先写了含羞草花的颜色和样子，又写了它名字的由来，这是文本细读。接下来看铁树，同样读图读文字，围绕花的特点和名字的由来两个方面来理解。不过，孩子们马上就发现了问题：

"MS 常，MS 常，'村长'说铁树难开花，可是铁树的花他一点儿也没写。"

"好啊好啊，超级大挑战来了！一会儿我们也来写一写，和'村长'PK，看谁写得好。"

顿时，孩子们两眼放光，摩拳擦掌。趁着这个势头，我们继续挑"村长"的刺：猪笼花的特点也没写出来诶！风铃花那么美丽，怎么只能写一句话呢？

"村长"当然不会把每种花都写得那么详细，他留下的空白，就是让孩子自己去研究的。很多老师在听课，感慨一年级的小孩子也可以兴致盎然地学习描述事物特点。其实，只要老师能调动孩子的热情，唤醒知识的魅力，任何内容的学习都有可能。反之，任何内容的学习都是枯燥的，即便那是一首好玩的歌谣。

孩子们课堂上的创作，自然水到渠成。

小泽擅长讲故事，他绘声绘色地给我讲述着：

猪笼草在一棵大树上生活着，它看见旁边一些小蚊子，就发出了奇怪的声音（其实是它本身的香味）。小蚊子被吸引过来，想吃里面的花蜜，结果一爬进去，"哧溜"一下，就掉进酸酸的、苦苦的液体里，再也不出来了。

小研心思细腻、敏感，竟然给猪笼草编了一则谜语：

含羞草的花就像地上的小摩天轮，圆圆的，十分可爱。它的叶子就像绿色小舟，又细又扁，轻轻一触，它就像害羞的小姑娘，捂住自己的脸蛋，身子缩成了一条细线。

无论何时，它都喜欢捕虫子。它的香味很诱人，它的口很滑溜，像一个大袋子。（打一种花）

小颖别致的构图，简约的语言，重要的是她自己的生命在场，给了我大大的惊喜：

猪笼草散发出的香味，引来许多小虫子。关上口袋，虫子就出不来了。我真想去闻一闻。

铁树，你是像铁一样坚硬吗？如果是，请你快来保护我的家人吧！

含羞草，我一碰触你的叶子，你就像脱了外衣一样，害羞起来。

……

每个孩子，都怀着深深的热爱来写故事，准备迎接和"村长"的PK。不会写的字怎么办？老师会写到黑板上，孩子们照着写下来。往往，一首诗歌写作课上完，黑板上写满了字。也正是这样的过程，让孩子们对写字保持了饱满的兴趣。小涵喜欢上了大王花，和爸爸一起查找资料研究，早上到校后就和我叨叨几句。随后的一周里，每个孩子又至少完成了两种花儿的研究成果后，"村长"就被邀请到了教室里。

PPT里，是大大的"小蚂蚁PK村长"。佳佳代表"小蚂蚁"们读了PK书：

尊敬的"村长"：

您好。

您编写的《花的世界》一课，很多花儿就只是写了它名字的由来，我们认为，您没有把花的特点写出来，就无法让人了解这些千奇百怪的花儿。

我们对这些花儿进行了研究，要和您PK一下，请您仔细听——

孩子们一个个骄傲地登台，丝毫不紧张，"请"字开头，"谢"字结束。"村长"坐在旁边的椅子上，始终俯身倾听，一个孩子说完了，他必定站起来和孩子对话，真诚地表达自己的赞美，并点评每个孩子的作品，承认他们比自己写得好。

下课前，"村长"一句"你们大获全胜"，孩子们欢呼雀跃，开始教"村长"跳春天课程的主题歌《春天在哪里》。"村长"跳得很卖力，拍手、转圈、跳跃，虽然动作不协调，脸上却始终都是笑。孩子们和"村长"一起舞蹈，都笑盈盈的。据说，美国一个校长为了鼓励全校学生读书，承诺学生只要读够多少本书，就当众亲吻一头小猪——为了让孩子挑战成功，校长这一奇招起到了很好的效果。但是，我们还是喜欢"村长"的这种温和。新鲜的刺激，只是一时之效；共同生活里的惊喜，是随着课程自然而然发生的。是的，自然而然，不刻意为之，才是真正的生活。

因为一节课时间有限，小天一看自己的作品没有机会展示，急得哭了。我就动员没有来得及和"村长"PK 的孩子，追到"村长"办公室里，当面说给"村长"听。在"村长"办公室里，我看他一直弯腰站着，倾听每个孩子的话语，在每个孩子的作品上签字。就这样，每个孩子都有了和"村长"对话的机会，这对孩子来说有多重要？

权威是可以质疑的——只要我们能拿出更好的作品，说服权威。孩子们因此懂得努力的意义。

当然，比这更重要的，是孩子们非常开心！这不是肤浅的热闹，而是孩子极高的成就感，他们发现，自己竟然可以赢过校长！成就感带来的，是生命的尊严。

在春天课程的结束仪式上，我设计了"我的第一本书发布会"：把春天课程中每个孩子写的诗和研究成果，整理成了一本书，并邀请父母来到教室。颁奖音乐中，家长拉着孩子们的手，走过红地毯，把孩子的书郑重地交到孩子手中。然后，孩子和家长分享自己书中的内容，教室里一片欢声笑语。孩子们飞扬地想象，生动地描述，让家长开心又欣慰。

怀特海在《教育的目的》中说：学习的目的是激发和引导他们自我发展之路。这和杜威在《民主主义与教育》中所讲的非常相似。教育的目的是继续接受更好的教育，除此之外没有其他目的。所以我们要明白，我们所做的一切都是为孩子营造一个环境，为他们提供帮助、提供经典、提供资源、提供对话交流的场景，让他们发现更多有意义的事情，从而主动去学习。

四
班级课程：神话和科学

神话神奇的想象，能极大丰富孩子们的生命体验。包班生活中，有不少可以自由把控的时间。在不影响主题课程的前提下，我用讲故事的方式，把中国神话带给了孩子们。

我们赖以生存的世界是如何形成的？我们自身又从哪里来？

解释并非唯一。在我们先人那里，盘古是世界的创造者。但在科学已经取得绝对胜利的今天，宇宙大爆炸力量成为唯一的解释——对此，我们如何选择？

神话学大师坎贝尔说："神话的基本任务之一：让人安居于他们所住的土地，让人在这片土地上找到圣所。这样，你就可以让自己的本性和自然的雄浑本性相契在一起。这是人对自己最必要和最基本的适应。"

一年级的孩子，在开始认识世界的年龄，就应该让他们感受到，自己的生命力量和大自然的力量如何相契在一起。

我先是用语文课的时间，开启了神话课程。

让我们回到古老的年代，坐在一个没有电视、电脑的小草屋里，面对着世界的神奇，孩子们自然发出了这样的疑问：

"为什么会有天？"

"草为什么是绿的?"

"我们是从哪里来的?"

……

金子美玲的《不可思议》的歌响起来:

> 我呀我呀总是觉得不可思议
> 乌黑的云彩里落下来的雨
> 怎么会变成了银色的雨滴
>
> 我呀我呀总是觉得不可思议
> 绿绿的桑树叶子吃到肚子里
> 蚕宝宝怎么长得白白胖胖的
> ……

美妙的歌词与旋律,让教室的"气场"瞬间就发生了变化:世界是如此的不可思议,谁愿意来回答我们的疑问?孩子们兴致勃勃地跟着唱了两遍后,我摇身一变,成为"常奶奶",开始给这些充满疑问的孩子们讲故事。

在非常非常久远的年代,天和地还没有分开。宇宙的景象就只是黑暗混沌的一团,如同一个硕大的鸡蛋。在这个鸡蛋里面,万事万物都混合在一起,混沌一片,是一个杂乱无章的状态。就在这个鸡蛋里面,不知道经过了多少年之后,产生了创世之神、人类的先祖——盘古。他在这个大鸡蛋中成长着,酣睡着,就这样一直睡了一万八千年。

"这就是我们最初的世界,请大家把这个世界画出来,让我们一起来看看世界还会有什么变化。"

我话音刚落，小涵开始纠结："这是你编的一个故事吧？是假的吧？"

"你可以认为是假的，但我认为是真的，世界最初就是这个样子的。"我笑着，不做任何解释。

孩子们拿出早准备好的蜡笔和写绘本，参与到这个世界的诞生之中：世界不再是冷冰冰的，而是一个有待被创造出来的天地。孩子们画得真棒，黑色蜡笔涂满整个画面，但有一种力量在黑色里涌动——孩子们也在期待着，世界即将诞生，这是多么奇妙的一件事！

于是，神话不再是外在于我们的故事，而是我们的生活本身。魏智渊老师关于神话的解释，我非常喜欢，他说，神话给予了我们一种非常积极的自我理解：你是神的后裔？还仅仅就是猴子变成的？这是一种生命叙事结构，也是一种语言，而且是元语言——接受神话，就是接受我们的英雄气质，从而能够有足够的勇气与行动去迎接生活中的各种挑战。魏老师说，和科学解释一样，神话解释，也是改变世界及自身的一种强大力量。

是的，我要做的，就是让孩子感受到这种力量。果真，当我继续讲，讲到盘古开天辟地，用了一万八千年的时间时，孩子们马上拿起画笔，继续"创造世界"。小杰聪明，写绘本竖过来用，让盘古占了两个长长的对开页。小涵却继续纠结："不对啊，地球是宇宙大爆炸形成的，怎么可能是盘古撑开的呢？"

我还是那句话："可我相信，我的身上流着盘古的血液，我愿意像他那样，为世界的光明贡献我的力量啊。"

小涵不搭腔，他画笔下的世界，仍旧是宇宙大爆炸。小涵暂时无法进入神话系统，我也充满好奇：什么时候，他才不纠结了呢？神话在他身上，会有怎样的影响？

当盘古精疲力竭而死时，孩子们怀着深深的叹息，画下了英雄倒下的那一刻。

第四幅画，是盘古的身体化为了美丽的世界。小涵仍旧大声质问："不对啊，太阳不知道比月亮大多少倍，怎么可能是盘古的左眼变成的呢？"

孩子们都沉浸在一个世界的形成中，没有人搭腔，我也还是那句话："你可以不信，但我信。"

如魏智渊老师所言，这时候的世界，是一个有灵魂的、不可割裂的整体。这时候的孩子们，也不再是一个听故事的人，而是参与了世界的创造：这片土地就是我们的家园，是我们的圣所。

这一节课，上了一个半小时，孩子们深深投入其中（小涵是另外一种投入）。我看到，神话重新活起来，进入我们的存在之中。但我不知道有多么感激小涵，他以一种不加任何掩饰的状态，让我思考科学与神话的意义。魏老师说，我们在科学主义的丛林中迷失太久，神话是一种永恒的启示，只是，我们经常忘记回家——那么，我能带小涵回家吗？

这节课上，小涵从放在教室后面的一大摞书里，准确地找到了那套《中国神话》的手绘本，一个人沉浸在那套书里了。

第二天，我们讲《女娲造人》，小涵纠结不已："怎么可能呢？世界上最早出现的动物是恐龙啊，怎么会是女娲造出的鸡呢？"

说这话时，小涵已经迷恋上了那套《中国神话》。

创世神话之后，我利用零碎时间，给孩子们讲了伏羲、夸父、精卫、刑天、炎黄、仓颉、尧、舜、禹的故事。大家都被神话里的神秘力量所吸引——羲和真厉害啊！夸父怎么那么勇敢呢？

故事是伟大的。讲述这些神话故事时，我能感觉到孩子眼中透出的自豪感：这是我们的英雄，他们创造了世界，建立了秩序。小涵呢？他慢慢地也进入神话的话语体系中，不再纠结他的科学解释。就像刚刚入学时，奥特曼是他的全部——我们用童话的、诗歌的话语来代替奥特曼，也用了不少时间。

感谢小涵。他让我感受到了课程的力量。

主题四：海洋，我来了

海洋是什么？

海洋里的动物有什么特点？我们为什么要研究海洋动物？

围绕这两个问题，我们从海洋入手，重点聚焦海洋动物。

海洋，是生命的摇篮。在海洋污染严重的当下，通过研究海洋动物，了解海洋动物的多样性，理解海洋和环境、人类的关系。

我们同时编写了《哪吒闹海》的剧本，在最早动画版电影基础上做了修改，突出了哪吒勇于承担自己莽撞带来的后果，帮助孩子理解"英雄"的概念。

海洋主题学习的表现性任务是：

1. 海洋动物研究海报
2. 《哪吒闹海》戏剧表演

一

海洋和我们

"海洋课程中，眼见着孩子们长大了，成熟了。"秀秀说。

每天固定的十分钟"我喜欢的海洋动物"演讲，孩子们充满热情，表达清晰，娓娓道来，充满热情。演讲不是单一维度的，"听众"会一边听，一边记录演讲者的内容，提出问题和演讲者对话。信息整理、提出问题以及对话能力，都在这个过程中得以锻炼。

上学期的动物研究经验，以及春天课程中对花儿的研究经验，已经让孩子们在海洋课程的探索和表达中游刃有余。

开启课，我们用了法国艺术家刘易斯·里戈阿创作的立体绘本《海洋上下》，和孩子们走进辽阔的海洋世界。这本书以海面为界，用"上"和"下"两部分的创意立体设计，展现了海面和大海深处的不同景观。在故事中，大家搭乘红色的"海洋号"帆船，从印度洋的港口出发，经过大西洋、北冰洋后，停靠在太平洋的美丽岛屿旁……旅程中遇到的人和事，海洋的平静与汹涌，海底丰富的世界，以及海洋面临着的污染，方素珍翻译的文字向我们娓娓道来。

我们站在甲板上，摇摇晃晃的红色的"海洋号"扬帆起航喽！
我们要离开印度洋的港口，去探索全世界的海洋。

再见了，大海正在等着我们！
"海洋号"下面是深深的海底，那里有什么呢？
在帆船、游轮和渔船底下，堆积着许多垃圾，
所以海水很浑浊，是脏脏的绿色。
鳗鱼、石斑鱼和鲭鱼，慌慌张张地逃避船锚和渔网。
……

  这本绘本，适合拿在手里，一页页翻着看，立体书的奇妙才能被孩子们感受和触摸到。所以，教室中一定要放上几本。这个故事同样适合朗读，课堂上老师带读，回家后继续练习，直到读熟。

  通过这个故事，我们区分了"海"和"洋"，并打印世界海洋地图给孩子们，让孩子们在地图上标出四大洋，并画出"海洋号"的航行路线，地理知识自然渗透进来，孩子们因此对"世界海洋"有一个结构性的了解。

  然后，全班合作，完成四大洋的环创设计。一张大 KT 板，用废纸做出立体的四大洋，再用丙烯颜料涂出不同的颜色。孩子们非常得意他们自己完成的四大洋，经常在那里流连不已。

  "关于海洋，你最想了解什么？"

  孩子们写下自己的问题，同样地，我们选择了一些大家普遍关心的问题进行讨论，观看了剪辑的海洋纪录片，海洋的深邃辽阔，对人类的重大意义，以及对全球气温的深远影响，让孩子们多了一些敬畏。

  接下来，我们就聚焦到了海洋动物。

  和第一学期的动物探究一样，海洋课程中学习的每一个文本，成为引发探究的点，不断向外拓展，培养孩子们的探究能力。我们从《小黑鱼》的故事入手，呈现海洋生物作为"奇迹"的存在。接下来的绘本，科学类占了比较大的分量。读了《最大的鱼》，开启对鲨鱼的研究；通过《鲸不是鱼》，区分鲸鲨和鲸的区别，同时进行鲸类、海豚、海豹等哺乳动物的研究；《海星》的故事，

带领孩子们进入棘皮动物的领域中;《海马先生》,则是特殊的父亲抚育孩子的动物世界……

从研究陆地动物,到研究花儿,再到研究海洋动物,同样的学习方式,孩子们的研究性学习能力以螺旋上升的方式得以极大地提升,海报和PPT也做得越来越成熟。

最后,我们借助《白鲸小久》的故事,讨论在保护海洋动物的过程中,我们到底能做什么。孩子们这时候的当堂写作,也丰富饱满起来。

> 人类,你好,
> 我是一头受伤的座头鲸。
> 如果有一天,
> 你把我放回大海,
> 我一定会哺育大海里的其他生物,
> 创造大海里的奇迹。
> 我爱你,人类。
> ……

整个课程,孩子们去探究海洋动物的秘密,也以海洋和海洋动物们自居,用一颗诚恳的心,和人类对话。

6月18日是"世界海洋日",我和孩子们商量,海洋日那天,咱们去海洋馆看看去?

孩子们欢呼起来。佳佳却站起来,依旧是她平静的语气:"我觉得,人们把海洋里的动物们抓来,放在海洋馆里供人们看,这是不对的。海洋才是海洋动物真正的家。比如海豚,大家都说海豚的微笑很好看,其实海豚很痛苦,微笑是它天然的表情。可是,很多人并不了解这些。"

我一下脸红了。

有些孩子开始反对，说如果我们想了解海洋，那应该怎么办？

小涵跳起来，说："应该在大海里建一条透明的隧道，这样，我们就可以通过隧道，去大海里看那些海洋动物了。"

孩子们来了兴趣，纷纷讨论起了海洋隧道的建设等诸多问题。佳佳笑了笑，很小声地对小涵说："不要争了，不妨午饭后大家先来设计一下。"

太阳突然站起来，一颗炮弹扔给佳佳："你不去海洋馆，可不能阻挡别人不去海洋馆，所以，你不去有什么用呢？那些海洋生物不照样被关着？"

佳佳不温不火："别人要去，那是别人的选择。我不去，这是我的选择。很多时候，我们不能改变这个世界，也不能改变别人，我们唯一能改变的，是自己。"

我的佳佳啊。七岁的佳佳。

教室里安静极了，孩子们认真地倾听两个人的辩论。

太阳有些急了："你改变自己又能怎么样？海洋馆永远不会关闭的！"

佳佳的语气也突然地坚定起来："我给你打个比方，我们'小蚂蚁教室'里的三十个人，就是海洋里的三十条鱼，如果有一天，我们突然被抓起来，被放到海洋馆里，被一座玻璃墙封闭起来，你觉得，我们的亲人们——就是海洋里的其他的那些鱼儿，会很开心地去看我们吗？去看我们失去自由以后的生活吗？"

太阳没有听懂，仍旧很执拗地问："那又能怎么样？"

佳佳继续打比方："就像鸟儿被关进笼子里，等它们重新回到大自然，它们就无法活下去，因为它们已经习惯了被人喂养。海洋馆里那些活泼可爱的鱼儿或动物们，一旦习惯了成为宠物，它就是能回自己的家，也回不去了。"

太阳说："可是，海洋馆是不会消失的。海洋馆的那些工人们，也永远不会停止自己的工作。"

佳佳竟然微微一笑："我说过了，不管别人怎么做，我是不会走进海洋馆的。你可以选择去，那是你的决定。我不去，这是我的决定。"

我突然看到了另外一个佳佳，不再仅仅是那个喜欢唱歌、跳舞、弹琴、画画的佳佳。

太阳坐下来，不再说什么。一个男孩子还是忍不住了，说："可是，我还是很想去海洋馆啊！"

"可以啊，"我说，"有一些海洋动物是为海洋馆存在的，有一些是被海洋馆保护的，也有一些应该是在大海的家里的。想去，就去看看吧。"

那天午饭后，佳佳和鑫然待在教室里，一气呵成写了一首有谱子的歌，为被囚禁的海洋动物们发声，还把她们的创作贴在墙上。孩子们下课后都围过去看，发表自己不同的一些观点。

这时候，老师不适合做价值判断，因为孩子们还没有在探究的基础上形成自己的观点，但我会鼓励孩子们用各种方式表达。

等到二年级，随着他们能力渐长，我们再一次聚焦海洋馆和动物园，看海洋守护者保罗沃森的故事，了解姚明为保护动物做的努力，孩子们展开研究，去探究海洋馆和动物园背后的秘密，并在班里做了分享。最后，我带着孩子们朗读并讨论了《西雅图酋长的宣言》，请孩子们以自己的名字，写一份宣言。

你们怎么能买卖生命？

如果有一天，动物们向我们发起了攻击，我们会怎么样？如果动物灭亡了，我们会怎么样？那时候，我们只是生存着而已！最后，我们也只有死路一条。

动物？没了。海洋？没了。所以，要放生动物园里本应该属于大自然的动物！要放生海洋馆里本应该属于海洋的动物！要让应该回到自己家园的动物们回家！

大自然是我们共同的家园。如果人变成凶手，动物变成受害者，大自然一定会惩罚凶手，不允许凶手继续居住……

如果我们保护动物，我们也就不会受到惩罚。大自然的一切都井井有条，我们也会非常开心。

这时候，海洋馆的杀戮？没了。动物园的掠夺？没了。这该多好啊！

——小涵宣言

在一年级海洋课程的结束仪式上，我们让每个孩子选一个最喜欢的海洋动物，画下来，在小组里分享。小涵选了大王乌贼。这和他在春天课程时选择大王花做研究是多么像啊，他内心渴望着更强大的力量。他用胶带纸把自己的画贴在自己的上衣领子下面，一整天，都很小心地呵护着自己的"大王乌贼"不掉下来。

教室里的每一段旅程，对孩子都是一份赠予的礼物，而不是额外的负担。

那天下午，一年级四个教室前面，展开了一幅百米白色画布，孩子们用水粉和丙烯颜料，创作了一幅海洋生物长卷，以此纪念我们走过的这段旅程。孩子们自由组成小组，先在白纸上进行设计，再在画卷上创作。

鑫然小组的七色白鳍豚颜色搭配那么精美，一只挨着一只，非常漂亮。庄研小组创作了一条巨大的蓝鲸，所有路过的老师都会驻足赞叹。小天组的小海星画得那么栩栩如生，连海星细小的管足都表现了出来……一个下午的自由创作，孩子们把对海洋的爱，用画笔呈现了出来。

秀秀建议，把这幅百米画卷悬挂在走廊上空。海洋，就在我们头顶。第二天，孩子们走进一楼廊道时，抬头屏息凝视，他们都被自己的作品惊呆了。

那一刻，我想起了法国雅克·萨洛美写的《孩子给老师的请求书》：

请教我们热情

请教我们发现惊奇

请不要只给我们答案

请启发我们去发现问题

请接受我们的疑问

请教我们尊重生命

请让我们学会交流、分享和对话

请教我们所有的交流的可能

请不要只给予我们知识

……

热情、惊奇、发现问题、尊重生命等,是我们送给孩子们的礼物。

二
我是小哪吒

一年级上学期的花木兰，下学期的小哪吒，都是中国传统文化中特色鲜明的人物，也深受孩子们喜欢。

《哪吒闹海》剧本的改写，是我在和孩子们讨论的基础上完成的。我先带着孩子们看经典的动画版电影，重点讨论了五个问题：

1. 哪吒为什么要打死龙王三太子？你赞同哪吒的做法吗？你能给哪吒什么建议？

2. 龙王为什么要让哪吒赔命？你理解龙王的做法吗？你赞同吗？

3. 你怎么看四海龙王水淹陈塘关这件事？

4. 面对水淹陈塘关这件事，哪吒做出了什么选择？他为什么要做出这个选择？你赞同吗？你有什么建议？

5. 哪吒大闹龙宫，打死了四个龙王。你赞同哪吒这样做吗？你能给哪吒什么建议？

五个问题讨论清楚，孩子们就理解了哪吒的鲁莽，以及面对问题不能以暴制暴的观念。因此，修改的剧本，让哪吒经历了从鲁莽到知错就改、勇于承担后果的过程，同时修改了故事的结尾：四海龙王被哪吒押上天庭，接受审判。

从读剧本到表演，对一年级孩子来说，难度不小。我们也没有任何排剧的经验。怎么办？一年级的老师们灵机一动：咱们先演一遍呗！咱们表演给孩子看！

年轻的刘婷老师梳起一个朝天辫，活脱脱一个"小哪吒"——孩子们看完老师们的表演视频，校园里看到刘婷老师就喊："小哪吒你好！"老师们的演出，也让孩子们对自己即将开始的演出充满期待。

剧本读熟后，孩子们的角色竞选开始了。要先填写一个角色竞选表，填上三个自己想竞选的人物，并写清楚自己竞选的理由——万一第一个竞选不上，后面还有备选。老师也因此对孩子们的竞选有充分的了解。

然后，要自己制作竞选角色需要的道具，并自己去找同伴搭戏，背诵所有台词。

我们按照李靖、太乙真人、哪吒三太子、四海龙王……的顺序竞选，哪吒放在最后。比如，竞选李靖时，所有参与竞选的人都要上场，观众兼评委给每个人打分，然后当场投票，票数最多者当选。

杨桐第一场竞选李靖，落选；第二场竞选太乙真人，落选……他参与了每一场的竞选，几乎背诵了所有台词。最后一场竞选结束后，他还是落选。这就意味着他只能演一个虾兵蟹将。他"哇"的一声哭出来："你不是说，只要努力，就一定有收获吗？我已经很努力了，可我就是一个群众演员！"

我抱抱他："在我心里，你是当之无愧的小英雄。勇敢，不气馁。我为你骄傲。"

孩子们也都给了他掌声。杨桐的坚持和毅力，给全班同学上了最好的一课。

因为每个人都要参与演出，小涵说，那我就竞争旁白吧。有趣的是，当小天和他一起竞争旁白，小涵票数偏低时，他"哇"一声哭着要往外跑。小天很友好地说了一句："我想竞争另外的角色，不选旁白了！"

孩子们给了小天最热烈的掌声。

小颖竞争主角哪吒。

佳佳也同时竞争。很显然，佳佳人缘极好，天赋也高。但是，小颖这次铆足了劲要竞争到主角，在竞选表中，她接连填了三个"哪吒"。竞选时，论表情动作，佳佳胜出；论台词的熟悉度，小颖胜出。投票时，佳佳的票数高于小颖。

眼泪在小颖眼眶里打转，但没掉下来。

佳佳想了想，很坚定地对全班同学说："我退出。因为小颖比我努力，她的台词背得很熟，我偷懒了。还是小颖更适合演哪吒。"

又是最热烈的掌声。给佳佳，也给小颖。

排练那段时间，小颖骄傲地走在校园里，不管见到哪个老师，都要说一句："你认识我吗？我是'小蚂蚁班'的哪吒！"

的确，她一出场，就是哪吒。鲁莽，勇敢，也能承担责任。

演出结束后，照样是生命奖颁奖——我们用"小英雄"为主题，给每个孩子编织了一个属于他们的词语。我们给小颖的是"热爱"奖。

亲爱的小颖：

你不知道，你简直把哪吒演活了！哪吒的鲁莽，哪吒的勇于担当，都让你在舞台上呈现出来了——亲爱的小颖，你就是哪吒啊，鲁莽的时候，你都不知道自己在做什么；你敢于担当时，你分明是听到了自己内心的声音。

亲爱的小颖，对一切充满热爱的小颖，你始终朝向明亮那方，你身上的光，也照着"小蚂蚁教室"。你热爱画画，每次的写绘故事，都是一个绚丽多彩的世界。你跳起绳来，就像是一只轻盈的燕子，在飞舞的绳子里灵巧地穿梭。看着你运动后通红的小脸，看着你自信的表情和响亮的声音，想到你识字闯关时的那股冲劲，你不知道你有多棒。

热爱画画、热爱运动、热爱阅读、热爱生活，让"热爱"这个词在你的字典上流行起来吧！

在和小颖相处的四年时光里,她始终精力充沛,经常犯错,经常反省。

我非常爱她。

演出时,小涵念旁白,我坐在他身边,提醒他卡着点去念。否则,他一会儿就去做自己的事了。颁奖时,我们给小涵的是"明亮那方"奖。

亲爱的小涵:

你第一次和我们在早晨用歌声迎接黎明,是金子美铃的《向着明亮那方》。是你在歌声中,看到了明亮的方向吗?

你常常会让我们感动,还记得那天我们学习《海浪》这首诗吗?你不声不响,打开电子琴,用手指拨弹出不同的声音来表现大海的多样歌声,把大家震惊得不得了。在"春天"课程的结束仪式上,你向大家介绍你研究的大王花——PPT上字很多,你坚持身体正面面向同学,头使劲斜过去看PPT读,因为"小蚂蚁教室"有一条课堂规则是"交流时要和听众有眼神的交流"……跳绳不过关,你咬着牙,甚至眼泪都掉下来,但你就是不肯放弃,一定要努力做到过关。

你说,你的使命是成为一名科学家,为中国的环保事业做出贡献,多了不起啊,为了这个梦想,你在不断练习基本功:你热爱故事,没有故事你不睡觉。你热爱读书,捧着书你进入了书的世界。你热爱畅想,你的创意源源不断,让大家惊叹!你热爱埃及,你开创了"小蚂蚁教室"大讲堂。你也学会了爱,问候老师、照顾生病的同学。你是那么地单纯而美好!

亲爱的小涵,明亮那方,是一个值得所有人都去的地方。为了最终能够到达那里,你还要不断练习,要学习很多很多东西,要懂得克制自己。

小涵,加油!

这一次,小涵终于在众人面前走过红地毯,接过我们给他的奖状。小涵高高大大的爸爸,给我和秀秀90度鞠躬致谢。

那一刻,我和秀秀都湿了眼眶。

一年级下学期结束时,"小蚂蚁班"每个孩子的头上,都有一个自己的王冠。我们关注的,是一个个活生生的人,是这个生命最大可能的丰富与卓越。所有的知识,将是作为这个生命获得成长的必要道路而存在、出现的。

三
班级课程：节气桌

24 节气课程，是全课程中国文化课的一部分，也是到了北京赫德学校后成熟起来的课程。

在北京赫德低年级教室的节气桌上，每到一个节气，就会有和这个节气相关的物品：小满时"梅子金黄杏子肥"的杏和月季花，芒种时"家家麦饭美，处处菱歌长"的麦子和菱角，夏至时"惟有葵花向日倾"的向日葵和用石子围成的太阳（夏至是白天光照最长的一天）……这一张小小的节气桌，把大自然节气的变化和这间教室，以及孩子的生活紧紧联结在一起。

大雪无雪，我们就在节气诗里去看了一场大雪：

逢雪宿芙蓉山主人
【唐】刘长卿

日暮苍山远，天寒白屋贫。
柴门闻犬吠，风雪夜归人。

天寒又日暮，诗人长途跋涉，仓山越来越远，身影越来越孤单。贫穷的茅草屋里，先是迎来了前路未知的归人——诗人；风雪夜的犬吠中，又迎来了另外的归人——芙蓉山的主人，或者和诗人一样的旅人。"归"，是一个意象，象征着心灵的家园。寒冷的冬日里，只要有一盏灯为你亮着，白屋再贫，柴门再简，"夜归人"的心都是安的。

每一首节气诗，都是在当下的情境里诞生的；在当下的情境里学习，诗歌因此"醒过来"，孩子们可以感受，也更容易理解。

此时的北方，木叶凋零，大地枯黄，没有合适的物品可以摆放，我们决定来一次项目化学习：读完这首诗后，把这首诗的场景搭建出来，放到节气桌上。

这是一个真实的表现性任务。孩子们要在能表现出来的任务中，展现对诗歌的理解，以及创造能力、团队合作能力和解决问题的能力。

1 节气诗

节气课，先从节气聊起："大雪"的甲骨文什么意思，大雪是个什么样的节气，此时的大自然蕴藏着什么生机……然后，就到了节气诗。

一年级的古诗学习，是启蒙课，遵循三个原则。

第一，重视诗的整体和情境。一年级孩子的经验，依赖直接的感受，过细的分析会把诗歌的情绪打破。所以，要让孩子在故事的情境里去感受和理解，让诗的景和情在故事中自然呈现，孩子自然能沉浸其中。

第二，把诗唱出来，并通过律动表达出来。《毛诗序》里说："诗者，志之所之也，在心为志，发言为诗。情动于中而形于言，言之不足故嗟叹之，嗟叹之不足故永歌之，永歌之不足，不知手之舞之、足之蹈之也。"诗本来就是歌，诗歌一半的魅力在声音里。语文课上学诗，侧重"理解＋朗读"。音乐课上，艺术老师再以专业的角度带着孩子们学唱，并加上律动，用声音和身体共同呈现对诗歌的理解。

第三，把诗画出来。古人写诗，多用意象、符码、境界来表情达意，因此，更适合用绘画来"翻译"。用文字翻译，无论翻译成现代汉语还是英语，古诗的意蕴就有丢失。用绘画来表达对诗的理解，也是接近诗歌本质的一种方式。

学习大雪节气的这首诗，在理解了题目后，我就把孩子们带入情境中："来，先和诗人刘长卿打个招呼吧？"

"刘长卿，你好啊。"

"刘长卿，下雪了，你为什么要住宿在芙蓉山主人家里啊？"

……

"这是一个寒冷的冬日，寒风呼啸，天阴沉沉的，很快就要下雪了。刘长卿已经在路上走了整整一天，一直走到了日暮时分。日暮，就是太阳落山了。"

"诗人是要回家吗？"一个孩子问。

我略过了诗人被贬的背景，仍旧以故事的语调去讲："是啊，回家的路，很长很长，不知道什么时候才能到呢。你看，刘长卿的回家之路，不但漫长，还很寒冷。远处的苍山，也就是题目里的芙蓉山啊，在暮色的笼罩下，看起来也很远很远了。这就是日暮苍山远。诗人会是什么心情呢？"

"很累。"

"很孤单。"

"是啊，亲爱的刘长卿，我理解你的孤单，听我来读读这一句：日暮苍山远……"

"讲故事＋和诗人对话＋朗读"，是低年级理解古诗的基本策略。就像讲述绘本故事那样，每一句诗都配了贴切的图片，以帮助孩子理解。和诗人对话，是情境的进入，也是同理心的培养。朗读有两个作用，一是识字，二是表达理解。

慢慢地，在刘长卿的雪夜投宿的故事里，孩子们看到了白屋之贫，看到了犬吠时屋子里的光，听到了夜归人的敲门声和屋子里热情的招呼声，也感受到了诗人从孤独、寒冷到心有慰藉的心情变化。

当音乐响起来，孩子们加上律动唱出来，诗变成歌，孩子们非常喜欢。最后画诗时，教室里非常安静。孩子们已经习惯了这样的方式。一节课，六岁的孩子，身体上从静到动，再到静，符合低龄段孩子的学习特点。

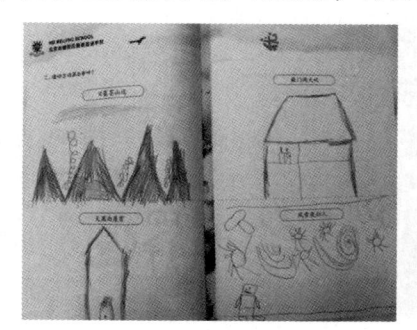

2　场景搭建

项目学习有三个关键点：一是以学生为中心，教师提供材料，以及必要时给予帮助。二是组建团队，孩子们在小组中有各自的任务和角色。三是孩子们能在友好、相互支持的环境里完成真实的任务。这次项目学习用了一个半小时，有五个步骤。我们最重视的，是孩子们在完成项目过程中发展出来的各项能力。

第一步：头脑风暴

通过头脑风暴，老师和孩子们讨论出了节气桌要呈现的场景：有苍山，有白屋，有柴门，有犬，有归人，还有院子里磨面的石碾等。

第二步：分组

大家根据场景需要，分成四个组：苍山组，白屋组，围墙组，细节组（狗，归人，脚印，落山的太阳，烟囱等）。

第三步：孩子们自由选择想参加的小组

选择的过程，就是一个学习的过程。有的孩子如果进不了自己想去的组，情绪就会很低落，甚至不好控制。所以，分组之前，我们就和孩子们讨论：

如果你最喜欢的一个组报名的人太多了，怎么办？

如果你提前做完了自己的工作，怎么办？

如果做的过程中和同学出现分歧，怎么办？

……

讨论的姿态很重要：平等，耐心倾听。

学会选择，能帮助孩子提前消化可能到来的情绪，这是情绪管理的一部分。情绪管理，要在日常真实的学习中训练。一个孩子想进白屋组，可是报名的人比较多，她很淡然地说："围墙组人少，我去围墙组吧。"

如果孩子不想退出，那就抓阄决定谁留下来。让孩子们能接受随机安排，这也是一种能力。

第四步：合作搭建场景

两节课的时间，教室里非常安静，孩子们表现出了极高的投入感和深度参与，他们的合作能力和解决问题的能力，让人欣喜。比如，苍山要先用乐高搭建起来，然后用白色的太空泥去覆盖，以表现出大雪后苍山的样子。有些太空泥掉下来，马上就有孩子去修复。再比如，做完围墙后，孩子们发现围墙还不如白屋大，怎么办？孩子们马上凑在一起，你一言我一语地修改起来。

第五步：完成组装

每个小组完成的作品拿到节气桌上，组装在一起的过程，同样是一个学习的过程：老师不包办代替，让孩子们自己完成组装。当一个孩子发现"归人"

站不住时，马上找到一根棍子，支在人的后面，让他能稳稳站立。一个孩子发现组装起来后，"日暮"的特点没有表现出来，马上用黄色的彩泥捏了一个圆形，用一根最高的棍子支在山后面，"日暮苍山远"的意境就完整了。

完成组装后，教室里出现了这样的场景：孩子们惊叹不已，他们感觉到自己完成了令人难以置信的作品。

"真是太完美了。"

这样的学习，给了孩子巨大的成就感。

3　项目反思

"项目反思"是项目学习的闭环。孩子们围成一圈，反思搭建过程中的问题：

"我们这个组能力都很强，有时候会出现争吵。下个节气再设计节气桌时，我们需要更加淡定。我想，可以给我们组取名叫淡定组。"

"我们组是细节组，一开始，我们做了好几只小狗。做完后，我们就讨论：那家人那么穷，家里不应该有好几只小狗吧？我们最后就保留了一只。"

……

在项目学习中，失败的自由是必要的。每个项目都会伴随着挫折，但失败的积极氛围能鼓励孩子们更放心、大胆地探索：孩子们通过沟通、合作，以及学习如何在一个团队中工作。反思过后，孩子们发现，他们自己创造了一个独一无二的信任与责任的氛围。

这次项目学习，也让孩子意识到：他们是这间教室的主人，他们在创造着这间教室的生活。

119

四
课程拓展：一个故事，又一个故事

要有多少故事的滋养，才能让一年级的孩子不但内心丰盈，而且具备学习起步阶段的读写能力呢？

孩子在独立阅读之前，从幼儿开始，就应该听最亲近的人为他读过上千个绘本故事。这些故事，会带着情感，深刻影响孩子的精神世界。大人读故事给孩子听，远胜于要求孩子识字和独立阅读。因为，声音是有温度的，故事是能丰富孩子精神世界的。

等进入小学，阅读能力开始训练。在一、二年级，孩子能阅读五百本以上的绘本和上百本的桥梁书后，三、四年级就进入海量阅读阶段，能顺利完成至少五百万字的文学作品阅读。为什么强调文学作品？数学的底层逻辑是抽象能力，语文的底层逻辑是感受力。我们在读文学作品时，故事情节的发展、人物命运的跌宕起伏，都在发展孩子的感受力，从而完成语言智能的发展。语言智能，是智力发展的基础。但我们也重视自然科学、历史、艺术、人物传记的阅读，全课程每一个主题，都会有不同类型的书目推荐给孩子们，只不过文学阅读的比重要高一些。

为什么强调量的积累？这是孩子能形成阅读自动化能力的关键因素。阅读自动化，是边阅读边思考的能力，这是小学阶段最重要的能力，它决定了孩子进入小学高年级和中学之后能否进行深度学习。没有足够的数量刺激，自动化能力很难形成。就像开车，没有足够时间的练习，无法达到开车自动化。足够的数量刺激，也是在构建开阔的智力背景，以保证孩子在其他学科的学习中都不吃力，甚至游刃有余。

但是，阅读自动化能力的形成，仅靠阅读数量的累积是不够的。

麻省理工学院有过这样一个调查：1995年，美国人类学家贝蒂·哈特和托德·雷斯利用两年半的时间，跟踪调查42个家庭，进行了一项关于贫富孩子差距的研究，最后得出的结论是：出生在贫困家庭的孩子，到四岁时，与出生在较富裕家庭的孩子相比，会少听到3000万个英语单词。这3000万个单词，决定了他们智商的不同，学习力的不同。因此，我们就有了这样一个观念：读书，输入词汇量，是学习的起点。

但是，麻省理工学院最近的研究发现了这个差距背后的秘密：影响孩子大脑发育的，不仅仅是词汇量，更重要的是父母与孩子的交流方式：孩子与父母交谈的频率越高，他们大脑中语言相关区域的活动就越强。无论家庭收入多少，父母教育程度如何，都证明了这一点。也就是说，谈话较少的富裕儿童，语言能力和大脑反应较差；而贫困儿童在谈话更多的情况下，大脑反应同样好。这就说明，亲子之间的互动质量，是影响孩子认知和情感发展的关键性因素。

在整个一年级，我始终在邀请家长给孩子读晚安故事，日不间断地亲子共读。同时，建议家长和孩子读了故事后，要和孩子聊一聊。比如："我觉得这个故事很有意思……你认为呢？""我很喜欢故事中的×××，因为……，你的观点呢？""听了这个故事，我有一个问题……你能帮我解答吗？""我不太认同故事中的……你呢？"

在环境安全、温暖的情况下，父母和孩子对话交流，孩子就会积极主动地调动大脑多方面的能力，在理解对方语言的基础上，把自己模糊的情感和想法，用抽象的语言表达出来，这是智力发展的过程。语言是思维的外壳，语言水平的差异，就是思维水平的差异。

一年级下学期，我在课表里加了一节课：朗读课。朗读课，既练习大声朗读，又根据故事展开对话。朗读课的内容用了《贝贝熊》系列故事、里欧·李奥尼的系列故事和矢玉四郎的《晴天有时下猪》。

　　朗读课，首先是朗读。这些书字数多，对阅读能力弱的孩子来说，是一个挑战。每个周末，我布置的作业就是练习朗读下周要读的故事。弱一些的孩子，我就请爸爸妈妈和孩子练习分角色朗读，降低孩子独立阅读整本书的难度。父母没有时间的，我会在周三之前，带着他们读一遍。远远妈妈说，远远要独立读完一个故事，没有一个小时是完不成的——但也正是这个挑战，远远一本本读下来，速度快了，自信就有了。朗读课的形式很朴素，分角色朗读，或者孩子们一人一页开火车接龙读。有一次朗读课，因为讨论的时间稍微多了一些，没有轮到远远朗读，她都急哭了。故事的魅力，可见一斑。

　　《贝贝熊》的作者是美国行为之父斯坦·博丹，作者通过贝贝熊一家的故事，用幽默的、正面鼓励的方式，让孩子去理解生活中的问题，以及如何去解决问题。所以，我们就可以根据教室里的问题，选择合适的故事带孩子朗读。当时，教室里有几个男孩不懂得怎样和人交往，经常用别人不喜欢的、甚至是恶作剧的方式引起别人的注意，我就选择了《恶作剧》这个故事。课堂讨论时，我们围绕着"什么是恶作剧？小熊哥哥对恶作剧的态度有什么变化？为什么会有这样的变化？"这几个问题去理解故事，继而又延续到我们的生活："如果你是故事中新来的同学，在班里被别人捉弄，会是什么感受？"这样的讨论，"同理心"的概念被揭示出来，孩子们的道德认知，在故事朗读和讨论中得到提升，就像小燊说的："我身上的恶作剧病毒还真不少呢。"

　　里欧·李奥尼的系列故事，和《贝贝熊》完全不同。《贝贝熊》的故事是直接的，是能解决当下问题的。李奥尼的故事则是寓言式的，是基于自我认知和自我接纳的种种探索。李奥尼被称为"图画书的伊索"，他把自己想表达的道理都放进故事里，道理和故事完美融合在一起，加之绘画的传神，让孩子深深着迷。

《亚历山大和发条老鼠》中，亚历山大是生活中一只被人嫌弃的老鼠，维利是一只上了发条的玩具老鼠。亚历山大羡慕维利被主人宠爱，自己却天天被人追赶，随时有灭顶之灾。维利告诉他，蜥蜴可以帮助他实现一个愿望。当威利找到蜥蜴，根据蜥蜴的指示找到了拥有魔力的紫色鹅卵石时，却发现了已经被丢到垃圾桶里的维利。

亚历山大会怎样选择？

面对蜥蜴，他大声说出了"蜥蜴，你能把维利变成一只像我这样的老鼠吗"的恳求。

故事的结尾，两只老鼠互相拥抱，跳着舞，直到日落。

"亚历山大最初和最后的选择为什么如此不同？真老鼠和发条老鼠分别代表了什么？蜥蜴又象征了什么？作者想通过这个故事告诉我们什么？"

在讨论中，孩子们理解了"自由和被控制"的意义：亚历山大知道了做发条老鼠是没有自由的，总有一天会被扔掉；做一只真老鼠，被欺负也比被扔掉好。发条老鼠是受人控制的，没有自己的生活；真老鼠是自由的，是可以主宰自己生活的。蜥蜴，则是引导亚历山大认识自己的魔法师。

"妈妈，你是一个自由的人吗？"家长说，孩子们有一段时间经常和父母讨论这个话题。

"爸爸，你是一个不自由的人。你看，你玩起游戏来就停不下，你被游戏控制，你已经不知道自己是谁了。"爸爸大吃一惊。

作者想告诉的道理，已经被孩子用在了生活中。

讨论李奥尼的故事，是很奇妙的体验。《蒂科和金翅膀》中，蒂科为了赢得同伴的认可，宁肯失去自己的金翅膀；而在《田鼠阿佛》中，阿佛在大家忙着为过冬准备粮食时，却能安心地发呆，什么都不做，同伴们没有任何指责。两个故事放在一起，孩子们的问题就来了。

"和阿佛相比，蒂科是不是太不能坚持做自己了？"小燊不理解。

"朋友对蒂科来说，太重要了。但对阿佛来说，就没那么重要。"佳佳总有很深刻的洞察。

小燊说："我还是觉得蒂科失去了金翅膀，很可惜。"

"但是，有金翅膀又怎样？蒂科不快乐啊。"小杰说，"他最快乐的事，就是和朋友们一样，拥有黑色的翅膀。"

阿佛呢？

"阿佛，"佳佳想了想，"阿佛不需要别人给他快乐，他是创造快乐和希望的人。"

为什么要阅读？去领悟那些伟大的故事所给予我们的一切，让我们超越眼前之物，思考生活永恒的话题，探索大地、星空的秘密，我们的心智就能去除蒙昧，慢慢明亮且成熟。阅读时，我们总是会真诚地聆听作者的观点，并提出自己的问题，和作者对话，从而训练出我们敏锐的直觉和洞察，以及非凡的想象力。这正是语文的底层能力。

但读《晴天有时下猪》这套书，完全是另一种体验：孩子们读着读着就大笑起来，有的孩子甚至笑得钻到了桌子底下。作为荒诞故事，它和一年级孩子们天马行空的世界如此吻合。此时此刻，快乐，就是最大的意义。

一个经典故事，又一个经典故事，是我们给予孩子的珍贵礼物；让孩子爱上阅读，是成年人的责任。对一个纯粹的热爱着阅读的孩子来说，就像伍尔夫说的那样：

"你看，这些人不需要我的奖赏，我们这儿也没有他们想要的东西，他们就爱读书。"

二年级，
发现更好的自己

我现在
是沙国的国王。

山峰，山谷，原野，还有河流，
我想怎么造就怎么造。

就算童话里的国王，
也不能够这样
随便改造自己的山川吧。

我现在，
真是个了不起的国王。

【日】金子美铃

二年级的孩子，仍旧处在兴致勃勃的主动探索阶段，他们需要在自由的环境里，发现更好的自己。和一年级不同的是，他们要有能力展现出自己的"更好"。

说到自由，我们很容易把身体的自由和道德、智力的自由混淆。很多人认为，孩子上课要坐得笔直，精力才会集中，否则就被界定为"身体的懒散带来智力发展的滞后"。

想一想，如果一个孩子每节课都集中在"我要坐好"这件事上，怎么可能有高品质的思维发展？孩子不需要坐得笔直，他只需要一个舒服的姿势，以保证自己思想的王国不受身体的约束。

所以，这里的自由，主要是道德和智力的自由。如杜威所言："对儿童来说，自由就是提供机会，使他能尝试他对于周围的人和事的种种冲动及倾向，从中他感到自己能充分地发现这些人和事的特点。"二年级的孩子，对这样的探索和尝试充满兴趣；二年级的四个主题学习，则为这个年龄段的道德和智力发展提供了丰富的材料，并给予充分的自由以保证它们的发展。

课程概要

二年级的四个主题学习是:"做最好的自己""在一起""在春天里,做一件美丽的事"和"大地与星空"。这四个主题,分别对应一年级的四个主题,依旧是从"我"到"自然""世界",最终又回到发展了的"我"。

1

和一年级相比,二年级的自我认知有了这样的变化:

1. 我是与众不同的,我喜欢我自己,我喜欢和朋友在一起,我有力量给世界带来美好;

2. 学校有很多人在为我的成长服务;我也是学校中的一员,能为学校贡献我的力量;

3. 沟通和合作能让我们在一起生活得更好,我要学习沟通和合作。

对自然和世界探讨的主题学习,在一年级的基础上,孩子们会建立这样的观念:

1. 我生活在"关系"之中,我们都不是孤立存在的;

2. 自然是我们的家园,我能感受它、触摸它、听懂它,也能让它因为我更加美好;

3. 大地,是我们诗意地栖居的地方;

4. 星空,是人类的未来;星空的浩瀚神奇与人类的智慧交相辉映,才有了如此广袤的世界。

二年级结束时,我们希望孩子们获得的重要语文读写技能是:

1. 喜欢朗读诗歌和故事，挑战朗读整本书。

2. 能在"跟着唐诗去旅行"的课程中，理解古诗，感受古诗赋予的中国名山大川之美，了解诗歌背后的文化。

3. 能在课堂讨论时有高品质的倾听和对话，清晰、自信表达自己的观点，并善于提出自己的问题。

4. 阅读文学类作品时，能通过关注细节表达对内容和主题的理解，并能理解故事中的人物是怎样应对主要事件和挑战的；能复述故事；能通过上下文理解字词；能通过工具梳理故事结构；能对比同一主题下人物的相同和不同。

5. 阅读信息类作品时，能找到作者的观点，并能找到作者用怎样的理由来支持观点；能在成年人的帮助下通过资料查找获得自己想要的知识，并能恰当地运用知识。

6. 喜欢阅读，能从阅读桥梁书向阅读整本书过渡，桥梁书阅读量不少于 100 本。

7. 写想象的故事，有结构意识，书面词汇丰富；能围绕主题和观点写一段话或几段话，表达清晰完整；能正确使用便条和书信；喜欢做自然笔记，能细致观察、生动表达；能把搜集到的信息进行主动加工，用海报、PPT 等方式呈现出来。

2

就语文能力来说，二年级的排序，仍旧是朗读、阅读、识字、写字和写作。和一年级不同的是，朗读不再借助成人的帮助，开始独立朗读，并挑战朗读整本书。同时，随着朗读量的增加，识字会在二年级有一个爆发期。二年级的孩子，独立默读能力也在逐步增加。

关于自由阅读，有些人也会质疑：孩子平时学习任务已经很重了，哪里有时间去读至少100本桥梁书？

全课程的每一个主题，都为孩子推荐了和主题相关的阅读书目，老师引领孩子阅读，并在班内做读书分享——这样的阅读，自然而然，不分课内和课外。比如"在一起"主题，孩子们大声朗读完一套十二册插图版的《昆虫记》，给昆虫做名片，用太空泥捏昆虫，并在美术老师的帮助下做了一棵大树，让昆虫们栖息在树上……孩子们读得兴致盎然。更不用说从《香草女巫》开始的整本书朗读，随之孩子们开始独立默读的"彩乌鸦"系列的《小女巫》《跑猪噜噜》等妙趣横生的、薄薄的几万字的整本书，丝毫没有难度。等到"啃完"厚厚的《木偶奇遇记》，整本书阅读就有了一个质的飞跃。

北京赫德学校二年级有一位小朋友，从小生活在瑞典，听说没问题，读写难度很大。一开始的语文课，要给予他很多一对一的帮助。一年之后，他的阅读和写作已经和同学们同步了。对这个孩子来说，这是一个漫长、艰难的过程，但因为学习内容的丰富和有趣，他始终充满兴趣。妈妈说：我小时候学语文，是读课文学习的；儿子通过全课程学语文，是读着一本书又一本书学习的。

这是语文学习的奥秘之一。

二年级的写作，绘画慢慢淡出，文字开始占主导。一、二年级的写作，以大量的自由写作为主，遵循两个原则：一是数量，二是兴趣。写作能力，只有在写作中才能习得，但同时要让孩子们兴致勃勃地处在写作状态中。保持写作兴趣，除了课堂的情境和氛围的创设，老师的反馈非常重要。我们的反馈原则是：孩子们的自由写作必须是被接纳的。在孩子们的诗歌本上、自然笔记本上，我会毫不吝啬地表达欣赏和赞美，孩子能感受到自己的写作被看见、被珍视、被赞美——这是正确的反馈方式。错误的反馈方式是评判。

3

"像评估员一样思考",是《基于理解的教学设计》中提出来的,对我有很多启发。

先确定标准,然后设计评估证据,再设计教学体验活动,是书中提到的 ubd 设计,是一种新的思维模式。老师要像评估员一样思考,是因为基于标准的、证据的教学,能保证每个孩子发展的必然性、公平性,并能保证教学的高质量。

全课程的每一个主题学习,评估指向的是大概念的理解。评估证据包含两个方面:一是表现性任务,主要评估大概念的迁移能力。因为理解的核心,是在实际任务和环境中,有效运用知识和技能。能迁移运用,而不是僵化地回忆和再现,是呈现理解的最佳方式。二是日常的课堂对话、学习单、分享等。

具体到每一节课的设计,也是目标先行,然后是评估,最后是教学体验活动的设计。

比如春天课程中的故事《花婆婆》,目标定位如下:

1. 能流利、正确、有感情地朗读故事。
2. 能理解故事主人公不同时期的四个名字,并概括她在不同时期做的不同事情,理解每一件事都是让世界变得美丽的事。
3. 能写自己的愿望,或者根据故事结构写自己的个人小传。

如何评估?

首先,朗读的评估,包含了学生的自我评估和课堂上老师的检测。

我把"流利"放在第一位,是指孩子们朗读时聚焦故事的意义,不断推测故事后面的发展,不过度聚焦于朗读时的添字、漏字。"有感情"

侧重的是理解。孩子们一边读一边能在大脑里浮现出故事的画面，并能根据理解读出人物心情的变化、语气的不同等，拒绝"拿腔拿调"地朗读。

其次，阅读能力的评估，要有好用的评估工具。

确定阅读能力目标时，我们经常混淆了文本内容和教学内容，错把文本内容当成教学内容。这个故事讲了花婆婆一生的故事，如果只去了解花婆婆做了什么事，为什么要做这样的事，就只停留在知晓文章大意层面，没有培养孩子的阅读理解能力。对应二年级的阅读能力目标，《花婆婆》聚焦"通过关注细节表达对内容和主题的理解"。所以，课堂上，要通过大问题引领孩子和文本深度对话，而不是用琐碎的问题让孩子亦步亦趋跟着老师走。

如何确定大问题呢？每一次面对文本，我都会老老实实把文本读几遍，直到能找到这样的问题。《花婆婆》的故事读了几遍，我忽然发现了她名字的奥秘，就设计了这样的大问题：

"花婆婆一共有四个名字，这四个名字分别是在什么时候用的？在这四个不同的时期里她分别做过什么事情？"

"你最喜欢哪个名字？你最喜欢的给三颗星，其次两颗星，再次一颗星。写出你的理由。"

为此，我设计了如下表格（这就是评估工具）：

	哪个时期	做过什么事	你喜欢的程度	理 由
爱丽丝				
卢菲丝				
又老又疯的怪婆婆				
花婆婆				

最后，关于写作的评估，要有清晰的指标。

有什么样的阅读，就有什么样的写作。阅读中聚焦到了花婆婆的愿望，写作就让孩子们写一写自己的愿望，能力强的孩子，可以模仿花婆婆的故事结构，为自己写一份个人小传。这次写作的指标是：写自己想写的话，表达清晰完整，能运用丰富的书面词汇。

确定了目标和评估，自学的学习单就出来了。

1. 朗读课文，对自己的朗读进行评估。

a. 非常享受朗读，能做到正确、流利、有感情地朗读。

b. 享受朗读，有个别字不认识，但能做到流利朗读，能一边读一边想象画面。

c. 朗读有一些难度，需要帮助。

2. 细读课文，完成下面的表格，并对自己的完成情况作评估（用上面的阅读表格）。

a. 完成得很轻松，也很享受。

b. 有一定难度，但也很享受。

c. 自己很难独立完成，需要帮助。

二年级的自学，我都安排在了课堂上。在规定时间内完成自学，并对自己的自学进行自我评估，是二年级孩子要具备的学习能力。

接下来的课堂，就是对自学的回应。上课，先检查朗读，接下来就进入文本细读。课堂上孩子们的倾听和对话是需要训练的，当一个孩子表达自己的观点时，其他孩子在安静倾听，有不同意见的就发表；同时，孩子们也会一边听一边修订自己的学习单。这时候，我们能清晰地感受到每个孩子都在学习。老师的作用呢？老师不着痕迹地启发孩子的思维，让对话真正产生，是课堂美妙之处。

当孩子在谈自己的观点，或者补充别人的观点，或者有不同意见时，老师也必定让他们再读文本，学会一次次和文本对话。

最初，大部分孩子都给"花婆婆"这个名字打了三颗星，给"又老又疯的婆婆"打了一颗星或者没有打星。讨论之后，孩子们都认识到，每个名字都是美好的，花婆婆在她不同的年龄，都做了让世界美好的事情。孩子们原有的观念被打破，在老师和同伴的启发下，建立了新的观念。

孩子之间的差异，是最好的学习资源。有差异，才有对话。

写作挑战之前，先完成下面的并列式结构图。

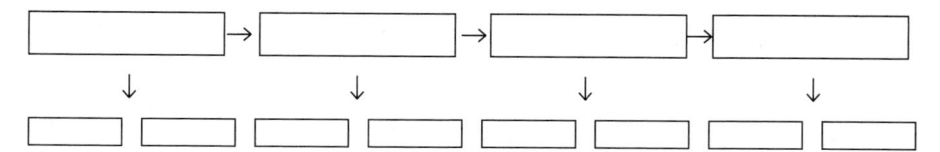

```
┌─────┐   ┌─────┐   ┌─────┐   ┌─────┐
└──┬──┘→  └──┬──┘→  └──┬──┘→  └──┬──┘
   ↓         ↓         ↓         ↓
┌─────┐   ┌─────┐   ┌─────┐   ┌─────┐
└─────┘   └─────┘   └─────┘   └─────┘
```

上面一行，写花婆婆的四个名字；下面一行，写她做的事情。这也是对前面话题讨论的整理，并能评估孩子讨论之后的理解情况。这样的自我评估，能够为学生提供回顾与改进他们思维和学习的机会。在传统课堂上，我们很少提供自我评估的机会——为了不断激发孩子的学习动机，提升学习能力，设计可以用来自我评估的工具很重要。

课堂上，孩子们特别骄傲于自己完成的学习单，一个孩子说："我喜欢我的学习单！老师，你能不收上去让我自己保存吗？"

能让学习保持持久的快乐，永远是成就感。

接下来的写作练习，同样要给孩子合适的"工具"：

在这个春天，种下你的愿望。

	愿望	理由
第一个愿望		
第二个愿望		
第三个愿望	不知道	等长大了，我要去寻找它！

　　孩子们分享自己的愿望，然后写下来，同桌互相交流，最后再形成一篇完整的文章。愿意为自己写个人小传的，同样也让孩子运用上面的结构图来梳理自己不同时期的名字，并讨论老了之后可能会叫什么名字。写作练习之所以设计两个，是照顾到不同孩子的写作水平。

　　无论是学习单的阅读理解，还是写作训练，评估都已经包含其中。

　　二年级结束时，孩子的倾听与对话的能力、阅读和写作的能力，得以扎实地培养。重要的是，孩子们因此建立起来的自尊和自信，让孩子们在中高年级的学习中，更愿意去克服困难，获得更大的成就。

开启课：从哪里开始二年级的生活

电影《蒙娜丽莎的微笑》开头，卫斯理女子高中的开学典礼。

一个女生走到紧闭的大门前，打开木盒，取出锤子敲击大门。

校长问：谁在敲求知的大门？

女生答：我代表每一个女性。

校长问：你要寻找什么？

女生答：通过辛勤工作，唤醒我的心灵。并将我的生命，贡献给知识。

校长说：欢迎您，那些和她追求相同理想的都可以进来。

于是，学生们拥进了会场。

校长说：现在我宣布，新学年开始了——钟楼的钟声响起来了，被惊动的鸽子，扑棱棱地飞向了天空。

这样的开学典礼，称之为"仪式"，让人怦然心动。

仪式在文化塑造中起着非常重要的作用。在这样特定的时刻，我们的愿景会被一次次确认，老师和孩子们被联结在一个共同体中，凝聚成一股向上的力量，学校的日常生活也因此被赋予了意义与目的，而不仅仅是一系列时间的堆积。

小学的开学典礼，会更活泼。9月1日的校园里，充满喜庆的气氛。机器人，未来战警、彩虹门以及蔚蓝的天空组成了一个热闹的Party。大孩子们开心地回到了他们喜欢的校园，而刚进校园的一年级小朋友，对一切充满新奇。他们被高年级的哥哥姐姐牵着手，通过绚丽的彩虹门，走上美丽的红毯，所有人为他们欢呼，庆祝他们正式成为一年级学生。每一张充满稚气的脸上都洋溢着激动和期待，就如"小蚂蚁"们去年的样子。

在我们的开学典礼上，没有领导，只有嘉宾。嘉宾的任务是摁下开学的按铃，让铃声响起，然后和孩子们一起欢呼：开学了。

气球飞起，在蓝天之上。自由而活泼，如每个孩子此刻的心情。

典礼过后，孩子们回到自己的教室，各种新奇的游戏会在教室里发生，"开学"的故事要继续来书写。

"小蚂蚁教室"从一楼搬到了二楼，孩子们一年级的照片还在。就像一个家，搬动之后，家的气息没有改变。不一样的是，教室里多了一个花瓶，里面插了30枝玫瑰。回到教室的孩子们，看到玫瑰花，有的忍不住惊叫，跑过去闻一闻；有的只是笑笑，开始准备自己的学习用品。

这个早晨，在这间教室里，每个人都是自在的，他们内心的安静和从容，使每个走进教室的人同样安静和从容。

八点一刻，一段流动的音符响起，孩子们在座位上坐好，准备第一天的学习。

金子美玲的《玫瑰小镇》，是我送给他们的第一份礼物。

绿色的小路，洒着露珠的小路，
小路的尽头，有座玫瑰屋。

风儿吹就随风摇的玫瑰屋，
随风摇就花香飘的玫瑰屋。

玫瑰小仙人隔着窗子，

伸着小小的金翅膀，
跟邻居说着话。

我轻轻敲了敲门，
窗子和小仙人就都不见了，
只留下花儿随风摇啊摇。

我在玫瑰色的清晨，
拜访了玫瑰小镇。

那一天，我是一只"小蚂蚁"。

　　这首诗就像一则短篇童话，充满想象力。而这只"小蚂蚁"的拜访，就是我们将要走过的一年的道路：在绿色的小路上行走着的，是每一个活泼泼的生命。玫瑰色的小屋里，有未知、神奇和美妙。玫瑰色的清晨，预示着365个日子就要这样被悄悄唤醒。

　　我从花瓶中抽出了一枝玫瑰，开始讲述一个故事：

　　"我是一只'小蚂蚁'，已经二年级了，我要去很多很多地方旅行，因为，我渴望知道更多的事情。今天，我踏上了一条绿色的小路。"我左手拿玫瑰，右手在绿色的枝条上做爬行状，用了极轻极轻的声音，"看啊，这绿色的小路上，还洒满了露珠。这晶莹的露珠啊，是昨天晚上夜婆婆洒下来的一粒粒珍珠，是送给我远行的礼物。哦，这小路上布满了小刺，可我一点都不怕哦，因为，在小路的尽头，有玫瑰色的小屋在等着我……"

　　孩子们的眼里，盛满了笑。

PPT 里，诗歌第一小节出现：

> 绿色的小路，洒着露珠的小路，
> 小路的尽头，有座玫瑰屋。

"来啊，'小蚂蚁们'，我们一起去寻找那玫瑰小屋吧！"说着，我把 30 枝玫瑰送到每个孩子手中。此时的孩子们，那么小心翼翼地接过玫瑰花，轻轻闻一闻。手拿玫瑰，再把第一小节读出来，感觉就很不一样了——我们正沿着绿色的小路，踏上一条未知之路。

"亲爱的'小蚂蚁'，你看到了一个什么样的玫瑰屋？"

> 风儿吹就随风摇的玫瑰屋，
> 随风摇就花香飘的玫瑰屋。

孩子们会心一笑：这玫瑰花，就是玫瑰小屋啊。

"我们终于来到美丽的玫瑰屋了，风儿吹就随风摇的玫瑰屋啊，随风摇就花香飘的玫瑰屋啊，里面到底有什么呢？'小蚂蚁们'啊，你到底看到了什么？听到了什么？"

> 玫瑰小仙人隔着窗子，
> 伸着小小的金翅膀，
> 跟邻居说着话。

那黄色的花蕊，就是玫瑰小仙人，于是——

"我看到玫瑰小仙人了，她穿着黄色的衣裙，有一双小小的金翅膀。我把耳朵靠近小屋，听到她正和邻居说着话。"那一刻的小颖，充满温柔。

"听到她在说什么啊？"

"我听到她在说，'小蚂蚁们'已经开学了，我听到他们读诗的声音了。"

"我听到她说，这真是一个美好的早晨啊，我们一起来唱歌吧！"

"我听到她说，这真是一个奇怪的早晨，我怎么有被偷听的感觉呢？"哈，是昊。我们一年级读《蚯蚓的日记》，在他自己创作的《鳄鱼和长颈鹿的婚礼》中，就出现了蚯蚓和小蚂蚁跟踪婚礼的小细节——这会儿又用在这里了。

……

孩子们开心地议论着。宇更关心他自己的玫瑰花，不断地摇来摇去，结果，几片花瓣纷纷飘落，他有些紧张地盯着我看。我悄悄走过去，把我手里的玫瑰和他换了过来。他一下子开心起来，后面一直很专注。

"真是奇妙啊，这样一个早晨，当我们走过长长的小路，这座玫瑰屋里，竟然有这样奇异的景象！"

孩子们轻轻读过后，PPT里出现了孩子们的照片，和他们假期里读过的一本又一本书。原来，孩子们就是玫瑰仙人，那些书就是他们的邻居。我点出每个孩子的名字，说出他们假期里和邻居聊天的故事。长长的假期，孩子们每天都在班级群里打卡，总结自己一天的读书情况，我也必定每天回复。弱的孩子，会一对一给予更多支持。此刻，我们不是在读诗，而是在回忆自己刚刚过去的暑假生活。在这段不属于学校的日子里，每个孩子都创造了精彩，和诗歌中的意境吻合。故事和诗歌汇合，归属于一个个真实的生命。同样，这一个个生命所投射出来的美好，在这个早晨，成为教室里每个人关注的焦点。

最后两个小节出现时，是我昨天拍的教室的照片："假期结束了，窗子啊，小仙人啊，都不见了，这是为什么呢？"

"我们开学了啊！"

孩子们开心得七嘴八舌。是啊，开学了，我们继续拜访玫瑰小镇。接下来的课堂上，孩子们就开始一遍遍练习朗读，在我诸如"这是什么样的玫瑰屋？""你看到了什么听到了什么？""你做了什么？"的提示下，几遍之后孩子们就能背诵了。然后，在孩子们自由练习的基础上，我请孩子们一组组手拿玫瑰花，站在台前，声情并茂地背给大家听。

真是美妙的体验啊！诗歌，玫瑰花，声音，一个个生命，就在这开学的第一天，成为我们的一个仪式。

接下来，我带着孩子们走到大自然中，这也是二年级的第一节思维课。大家以小组为单位，每个小组在一棵树下，每人观察一只蚂蚁，看它如何爬上树，在这个过程中会遇到哪些问题——这时候，那只蚂蚁就是自己，那棵树就是一片广袤的森林了。

孩子们自然很兴奋，每人从树下小心翼翼地拿了一只蚂蚁，看自己如何开始一段艰难的旅程。

"天哪，MS 常，你快来看看我啊，'我'就是不往森林中爬可怎么办呢？"

"MS 常快看，'我'爬到那个树窝里不出来了，可怎么办呢？"

"哇，'我'快爬到森林里去了！"

……

我被孩子们不断地拉着跑来跑去地看——这时候，这只小小的蚂蚁才真的成为他们自己。于是，孩子们写下了二年级的第一首诗。有趣的是，他们都在自己的名字前面标注了"小蚂蚁"。

这是小蚂蚁教室的开学日。它与学校典礼相互补充，以平实对隆重，以宁静对热闹，以故事对宣告。两者合一，和谐地让孩子们在九月启程。

这样的一首诗，立足于生活自身，真实地为每个孩子服务，让每个孩子的内心意识到，一段新的生活就此打开，无数精彩就在前方。

主题一：做最好的自己

我和其他人有什么不一样？

为什么要做最好的自己？怎样做最好的自己？

我和他人、周围的环境是什么关系？

二年级第一个主题，围绕这几个问题展开，让孩子看到二年级的自己有哪些能力，并能在关系中理解自己的位置和意义。

这个主题的表现性任务：

1. 绘本《亲爱的老师收》
2. 《香草女巫》作品集

一
二年级，你好

"我们已经二年级了！"

孩子们很兴奋，也很期待二年级的生活。

从第一天到大自然里的拜访开始，我们教室的生活，始终和孩子们真实的生活发生着链接。二年级的课堂，也更注重对话。

第一课，是诗歌《我学写字》。

当我学着写"小绵羊"，
一下子，树呀，房子啊，栅栏啊，
我眼睛看到的一切，
就都弯卷起来，像羊毛一样。

要是我写上"我的爸爸"，
我立刻就想唱唱歌儿蹦几下，
瞧，我个儿最高，身体最棒，
什么事我全能干得顶呱呱。
……

课堂如何展开？

首先确定目标：理解每一个词语都是有生命力的，每一个词语都是一个广阔的世界。然后确定大问题：诗歌中带有引号的词语为什么如此神奇？

明确了目标和大问题，老师就能让自己所教的内容背景化，课堂的焦点就放到孩子身上。

课堂上，大问题抛出来，对话就开始了。

小博说："小绵羊本来就只是羊，可是，诗人看到它的毛是弯卷的，就把自己看到的一切都想得弯卷起来。"

小天追问："可是，我不明白，树呀，房子啊，栅栏啊，都不是弯卷的啊。"

小杰马上回应："这就是诗人的想象，当他写下小绵羊，他脑子里就都是小绵羊的形象了。"

我追问："诗人为什么写下小绵羊这个词语时，树呀，房子啊，栅栏啊，都弯卷起来了呢？"

"诗人很爱小绵羊吧？"

"诗人很爱写字吧？"

"诗人很有想象力！"

我顺势总结："很普通的一个词语，诗人却用他的想象，让我们看到了一个广阔的世界。词语是多么神奇啊。我们了理解世界、表达观点，都要借助词语。"

这样，理解后面的小节就水到渠成。孩子们自己创作的《我学写字》，充满了童趣。这时候的写诗，也不是为了完成作业，而是"我要表达""我能展现自己的想象力"。

这首诗之后，我给每个孩子买了一个白色的写字板。晴朗的日子，我常常带他们去操场，或者旁边的生活小区，去寻找"词语"写下来，然后放到教室里，写字板一溜儿排开，相互欣赏。每块写字板配一个擦布，不喜欢的就擦掉重新写。孩子们很喜欢这样的书写，不出去的时候，他们也爱在写字板上涂涂写写。小雅写字有一些难度，看到同伴能在写字板上写满，她宁肯晚一些吃午饭，也要写满——这让她很有成就感。

二年级是识字、写字的爆发期，我们不靠刷题，不靠一个字必须写多少遍的硬性规定，而是创设情景，让孩子们不断地、兴致勃勃地写，以达到流利书写的目标。当然，作为基本功，生字本上工工整整的书写也非常重要。

这样的练习，既是语文能力的体现，又和孩子的自我认知有关——他们看到自己的能力，一天天在提升。二年级的他们，很是为自己骄傲。

接下来的绘本《亲爱的老师收》，则带着孩子们进入故事创造的广阔世界中。一个叫迈克尔的男孩，开学前一周收到校长的信，当他得知换了新的老师，并且开学第一天要数学测验时一下子就爆了："呸，数学！"原来，他讨厌数学。于是，他给老师写信，告诉老师他不能按时返校，因为一个秘密特工组织的头头找到了他，要他去执行一个秘密任务——找一个失踪的探险家。他在信里特别强调说，他知道有数学测验，可那个头头告诉他，这个国家的未来就全靠他了……就这样，游戏开始了。迈克尔去世界各地探险，把这个执行秘密任务的故事写得跌宕起伏，返校的时间一再拖延。"不上学"和"冒险"这两个词语，吊足了二年级孩子的胃口。

我们先是一起读了迈克尔的第一封信，讨论了迈克尔写信的特点：充足的不能返校的原因，可能会延误的时间，信写完后的"又及""又又及"的叮嘱，以及文字的变体和图画如何同时讲述故事。读第二封信时，我把绘本中的文字擦掉，让孩子根据图猜测迈克尔到了哪里，会发生什么事，迈克尔会怎样解决，以及结果可能是什么。孩子们进入故事描绘的世界中，开始以迈克尔的身份继续给老师回信。

这是写作训练，也是一场冒险游戏。

二年级的第一次写作，我鼓励他们用文字和图画共同完成。用一段话写清楚迈克尔的历险过程，要求这段话的逻辑要清晰。能力强的孩子，能尝试分段来写。到北京赫德学校时，王琪老师又补充了丰富的背景知识。因为这是一个想象出来的探险故事，如果孩子对探险的地方没有充分了解，故事内在的逻辑就会出现混乱。为此，当喜马拉雅山的壮阔、金字塔的神秘、星空的深邃一一展现在孩子们面前时，他们也就具备了用来写作的知识经验。

在"小蚂蚁教室"里，孩子们每写完一封信，我们就再读迈克尔的原信，比较自己的信和迈克尔的信的异同。然后继续写，继续读……一周的时间，每个孩子都写了四封信。第一次写，绝大部分孩子都觉得难。但后面故事的结构类型是一样的，只不过是地点和场景的改变。所以，几次之后，孩子们就出现比较自如的状态。

每一次写作反馈，我都会把每个孩子的作品做到PPT里，展示给全班同学看。而且，称呼这一时刻的每一个孩子为"作家"，欣赏他的创作，也提出下一次写作的建议。被看见和鼓励的孩子，因此对写作充满兴趣，也愿意在下一次的写作中有意识地朝向更高的写作目标，无论故事的创意，还是用词的丰富。

最后，在美术老师的指导下，孩子们设计了封面和封底，把自己的这次写作做成了一本书。

在北京赫德学校，我看到在年轻的于婉丽老师班里，孩子们的写作纸上没有老师红笔批阅的痕迹。她说："我总是不忍心用红笔批阅，老师留下的红色字体，那么高高在上。每个孩子的写作都是完整的，他们很珍视自己的作品，我不想破坏孩子们的这种感觉。我一般会和孩子一对一讨论修改，如果需要批阅，我也会用铅笔。"

在她的教室里，我看到每个孩子的写作，都充满灵性，都希望自己有独特的表达，都想让于老师说一句："哇，我的天才小作家呀！"

能够通过写作自由地表达自己，多美好的一件事。

(北京赫德学校二年级孩子们《亲爱的老师收》作品展示)

二
我喜欢我自己

我有一个最要好的朋友。

这个好朋友就是自己!

我和自己会做很多好玩的事:画漂亮的图画,骑车像飞一样,读好看的书……

我喜欢照顾自己:自己刷牙、洗澡,吃有营养的食物……

早上起来,我都会对自己说:"嗨,你看起来棒极了!"

我喜欢自己长长的嘴巴,喜欢自己卷卷的尾巴,也喜欢自己圆圆的肚子,还有自己细细的小脚。

每当心情不好的时候,我会想办法让自己开心;每当跌倒的时候,我会叫自己爬起来;每次做错事的时候,我会鼓励自己试一次,再试一次!

不管我去哪里,不管我做什么事,我都要做我自己,而且——

我喜欢这样。

这是绘本《我喜欢我自己》的内容。故事很短,却道出了人生最难的一件事:接纳自己,和自己成为最好的朋友。

能力感,是二年级自我认知的核心。讨论这个故事时,我用了这样的大问题："为什么要喜欢自己？怎样做才是喜欢自己？"

充分的讨论之后，每个孩子都写了一首送给自己的诗——《我喜欢自己》。在诗里，孩子们热情地拥抱自己，写出了自己的与众不同之处。

下课后，静问我："如果爸爸妈妈不喜欢自己呢？"

我抱抱她。"爷爷奶奶很喜欢你，对不对？"

"可是，爸爸妈妈不喜欢。"

"很多人都很喜欢你。我很喜欢你，你的朋友也很喜欢你，你也喜欢自己。"

静点点头，还是有些怅然若失。

李振村校长为孩子们写了介绍尼克·胡哲的《我和别人不一样》的文本，我们阅读、讨论，也看了他的演讲视频，孩子们深受震撼：一个没有胳膊、腿的人，竟然活出了如此精彩的人生。"我是个正常人，只是少了点小零件。"他对自己完全的接纳，乐观豁达的心态，以及给世界的影响，让孩子们更深地思考"我"是谁，"我"有哪些特质，我为什么要喜欢自己。

《点》的作者是加拿大作家兼画家彼德·雷诺兹。主人公瓦士缇和尼克·胡哲一样，从自我认同走向自我实现。不一样的是，《点》是一个经典的故事。美术课上，瓦士缇面前只有一张白纸，她为自己什么都没有画出来而沮丧不已，美术老师却说："哇，这是暴风雪中的一只白熊。"她还是说自己什么都不会画，老师鼓励她想画什么就画什么，她就气呼呼地在纸上点了一个点，老师请她签上了自己的名字。一周以后，当瓦士缇走进美术教室的时候，她惊讶地发现老师办公桌上方挂着一样东西，那个小小的点——她画的那个点！还用波浪形的金色画框装了起来！

瓦士缇就这样被点燃了。她喜欢上了画各种各样的点，并举办了自己的画展。画展上，她遇到了一个渴望画画但连线都画不直的男孩，瓦士缇就像自己美术老师做的那样：请这个男孩画了一条线，并请他签上自己的名字。

讨论这个故事时，静又一次说："如果没有美术老师，瓦士缇还是什么都不会画。"

"这是一个好问题。大家都来说一说吧。"

"的确如此"的声音很多。

"如果没有美术老师，她总能碰上一个人鼓励她吧。就像那个男孩会碰上她一样。"小颖说。

"我赞同。我们不是一个人生活在这个世界上，我们是一群人。"小博说。

"如果瓦士缇真的谁也没有碰到，她总有一天会发现自己的天赋的，"小涵总是那么与众不同，"只要她真的喜欢画画。就像我一样。"

"瓦士缇最好的朋友，也是她自己，对吗？"我说，然后转向静："你认为呢？"

"也许是吧。"静又补充了一句，"我也喜欢画画。"

也许是吧。这些故事，也许就是种子，总能在某些时刻，给静以希望和慰藉。

最后，我们讨论了这个故事的结构：遭遇问题——遇到帮助者——独立解决问题——帮助他人（成就自己），并通过学习单练习复述。这是英雄成长结构的简化版，更为复杂的结构，等他们到了四年级会进行更深入的探究。这个故事结构，会在后面的学习中不断被运用。

对能力感的把握，还必须回到真实的生活中。我们又设计了两个活动，让孩子在实践中感受自己的能力，并能理解人与环境、人与人之间的关系。

第一个活动是"学校里都有谁"的采访。我们首先讨论了学校有多少部门，不同部门的职责是什么，理解每一个部门都和自己息息相关。然后，孩子们就以极大的热情投入采访中，拿着采访稿，郑重严肃，又透着童稚。"保安叔叔原来每天还要早起训练呢！""厨师也要学习上课啊？"……他们发现了人的丰富性，也被自己的力量和发现他人的力量感染着。采访稿写完后，先修改，再誊抄、配画，做成一份漂亮的报告，作为礼物送给被采访者。

第二个活动是制作一本《交友手册》。这一次，要走到同学中间，倾听他们对朋友的理解，讨论怎样才能交到好朋友，以及怎样和朋友相处。完成一本

《交友手册》后,孩子们对自身的力量又有了新的体验:朋友不会自己跑来,你要有能力吸引朋友,有能力交到朋友。

接下来的美术课上,孩子们欣赏了瑞典画家保罗·克利的自画像后,用大胆的几何形状和色块,画了自己的自画像,展示在廊道里。每一张自画像下面,都有一个自己设计的标签。静在标签中这样写:

我喜欢我自己。我爱画画,有很多朋友,我最好的朋友是我自己。

三
共读共写《香草女巫》

《香草女巫》是我们共读共写的第一本整本书。小香草是女巫学校里的一个被人看不起的学生,经历了种种考验后,从掌握女巫学校的魔法,到在人间学校里拥有的善良、勇气和智慧,适合从想象世界向现实世界过渡的二年级孩子。从这本书的呈现形式上看,句子分行,朗朗上口,只有两万字,加上陈俊的翻译生动活泼,画面感很强,也适合作为二年级孩子共读共写的入门书。

为什么要共读?

关于人对自己的塑造,阿德勒指出,我们是依据对客观事物的看法(不是事实本身)在塑造我们自己。人和人的不同,不是境遇的不同,而是我们在遭遇事情时对事情看法的不同,也就是说,是观念(概念)的不同。不同的观念,带来不同的选择,造就了不同的人生。每一本经典的书,都在阐述一个观念。我们带着孩子们穿越一本书,无论语感,还是书中的观念,都会对孩子产生深刻的影响,我们也因此拥有了相同的语言和密码。这样的学习,是单篇课文永远无法抵达的。这是共读的意义。

《香草女巫》解释了"魔法"的概念。二年级的孩子,心里都住着一个能上天入地的孙悟空,念个咒语就能让金箍棒随意变化。这本书会告诉他们,魔法最大的意义,是自身强大之后,能够帮助他人,从而成就自己。《香草女巫》

分为上、下两篇，上篇是女巫学校中香草和蝌蚪龙的故事，下篇是人间学校中香草和犀牛小子的故事。小香草在女巫学校学习咒语，获得蝌蚪龙的帮助后不再迟到，得到老师、同学的赞赏，她也获得了自我认同。女巫学校放假后，小香草来到人间，为了让经常欺负人的瑞诺意识到自己的问题，她用咒语让瑞诺变成力大无比的"犀牛小子"。瑞诺在吃了很多苦头之后，也通过真诚地帮助他人（小香草化身成的一个老妇人），恢复成自己本来的样子。通过帮助他人，小香草拥有了最大的魔法：善良、勇气和智慧。

前面学过的《点》的故事结构，可以迁移运用到这本书中。

1. 遭遇问题：小香草没有魔法扫帚，每天跋山涉水走着去上学，结果天天迟到，被女巫学校里的同学们嘲笑。

2. 遇到帮助者：小香草念着从金叵罗老师那里学来的咒语，变出了一只蝌蚪龙。蝌蚪龙凭着自己的智慧给她找来了一把红扫帚，让老师、同学对香草刮目相看。

3. 独立解决问题：香草来到人间，遇到了欺负同学的瑞诺，香草没有用蝌蚪龙的力量，而是自己想办法解决瑞诺的问题。

4. 成就自己：香草帮助瑞诺重新认识自己的同时，她已经拥有了最大的魔法。

在课堂上，朗读完每个章节后，我们都会通过大问题进行讨论，学习信息提取、观点表达，从而理解香草的选择和成长；也去揣摩作者的构思意图和语言表达，为后面的写作做准备。

"金叵罗老师的闹钟，是怎样在凌晨三点开始叫香草的？用上'首先''然后''最后'这三个表示顺序的词说一说。尽量用书中的词汇。"

"香草为什么会在上学的路上自怨自艾？采蘑菇老太婆的出现意味着什么？"

"金叵罗老师的变龙咒有什么特点？香草漏写了一段意味着什么？"

"蝌蚪龙有什么特点？你怎样评价他？"

"你怎样评价女巫学校里的香草？"

……

无论朗读还是讨论，孩子们都表现出了极大的热情。朗读时的惟妙惟肖，讨论时的真诚热烈，让孩子们在香草的世界里自由穿行。到下篇时，魔法的真正意义凸显出来，我们讨论了"你身体里也住着一个香草女巫吗"的话题。

"我是男生啊，怎么会有一个女巫在我身体里？"小燊还不能理解香草的象征。

"就是一个比喻嘛。"小涵有很强的归纳能力。

"我明白了，每个人身体里都有一个会咒语的人。"小燊说，"念一个咒语，可以不用写作业，可以听写得满分。"

"但这不是真正的快乐。"佳佳开始引领对话，"她能用咒语帮助别人的时候，才是最大的快乐。你心里有没有住着一个香草女巫，就是说，你有没有能力去帮助别人。"

孩子们很是认同。从佳佳的话题出发，我们讨论了香草女巫的象征意义，用"魔法"的概念解释了自己的成长。本以为讨论可以结束的时候，小涵突然来了一句："大家有没有发现，香草在女巫学校是紧张的，在人间学校是放松的？"

好话题！

我拿《点》的故事启发孩子们："美术课上的瓦士缇什么也画不出来，那时候她也是紧张的。后来她学着画'点'，越画越放松。是不是和香草是一样的？"

通过类比，我们再一次讨论了自我认同的话题。香草怀疑自己女巫的身份，瓦士缇怀疑自己画画的能力。前者需要一个红扫帚，后者需要老师的鼓励，这些都是外在的。香草能运用魔法帮助他人，瓦士缇能运用自己的经历去激励他人，这是内在的成长，她们也因此能确切地知道自己是谁。为此，我们赋予了"魔法"另外的意义：有能力不断去发现一个更好的自己。

这真是令人着迷的课堂。老师的自我认同，也来自孩子们课堂上的创造。

《香草女巫》的共写，是到北京赫德学校以后才成熟起来的。

为什么要共写？

通过经典学习写作，是最重要的写作途径之一。阅读一本书，真诚地和作者对话，听作者怎样讲述一件事，怎样布局谋篇，怎样遣词造句，然后再迁移到自己的写作中。大家写同样的故事，互相之间会有启发，老师激励和反馈到位，教室里会出现写作的热潮。这是共写的意义。

这本书的故事写作，围绕着"魔法"展开，通过汉堡包图，给孩子写作的支架，帮助孩子理清故事结构。结构就像地图，纷繁的信息经过梳理后，孩子就可以按图索骥，以笔为车，行驶在去往目的地的路上。每一次写作之前，老师都会带着孩子们进行讨论，打开写作思路，丰富故事细节，并帮助孩子有意识地运用高级的书面词汇进行表达。

根据故事结构，我和老师们讨论设计了四次故事写作。这是汉堡包图：

第一个故事：香草学咒语
- 香草上学迟到，进入教室后会发生什么事？
- 金臼罗老师又教了一个什么咒语？
- 小香草学得怎么样？

第二个故事：香草和蝌蚪龙历险记
- 香草和蝌蚪龙去了哪里？
- 香草遇到了什么困难？
- 蝌蚪龙是怎样帮助她的？
- 结果怎么样？

第三个故事：香草在人间
- 香草骑着红扫帚到了哪里？
- 香草遇到了什么问题？
- 香草怎样独立解决这个问题？
- 结果怎样？

第四个故事：香草旅行记
- 香草在魔法世界又学到了什么新技能？
- 香草来到真实世界后，发现了什么问题？
- 香草是怎样运用新技能解决问题的？
- 结果怎样？

这是非常大的写作挑战，需要想象力、逻辑推理能力和书面语言的表达能力。孩子们因为喜欢写，以及有老师的支持，写得兴致勃勃。

　　第二次写作完成后，于婉丽老师因为疫情在家，她给我打电话说："常老师，我们班孩子要进行第三次写作了。我今天必须要反馈孩子们的写作啊，否则，她们不知道今天的写作朝哪个方向去努力。我就线上反馈，可以吗？"

　　通过网络，我看到她给孩子们故事的回应，听了她的线上反馈课，被深深打动。

埋下伏笔
有意思！

原来是蝌蚪
龙的生日！

原来是星际旅行，
看来女巫们去的海边都不是普通的海边，
是星海！
他们是怎么从黑洞回到人间的？
这里说清楚就更加连贯了！

天哪！
我要流泪了！
你太浪漫了，
真是善良温柔的香草！
你的故事让我特别意外，特别喜欢。
你太会写了，
完全让人出乎意料啊！

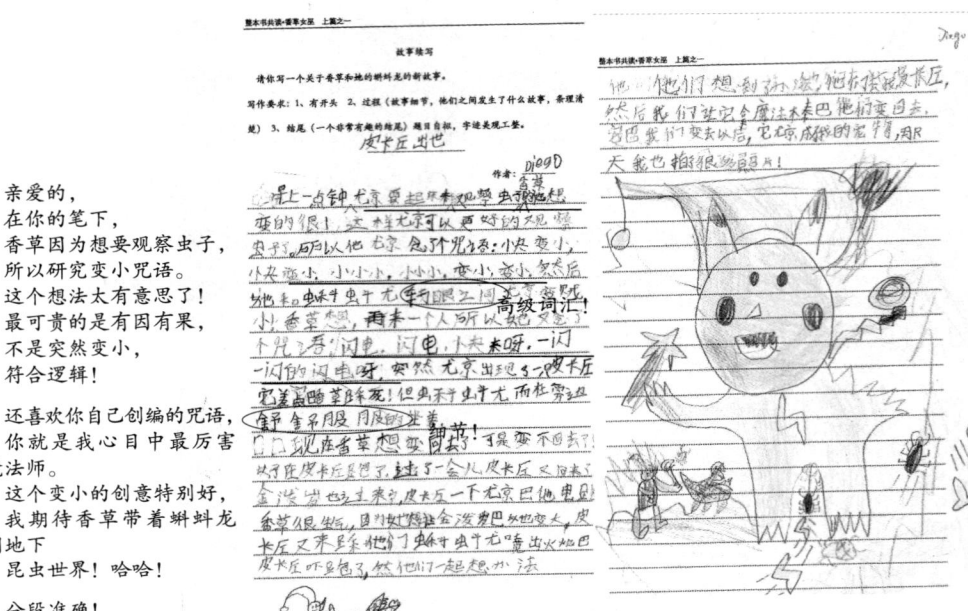

孩子能这样被老师理解和激励，怎么可能不喜欢写作呢？

最后一次写作，是魔法世界和真实世界的打通。对孩子们来说，课堂上的学习就像魔法世界，老师是魔法师，孩子们习得的各项能力就是"魔法"。离开课堂，离开老师的帮助，孩子们就进入真实的世界中，和同伴的关系，和环境的关系，都需要他们独自面对，解决问题的过程是运用魔法的过程，也是不断遇见更好的自己的过程。

我们用了两周时间，共读共写《香草女巫》，是对成长的致敬，对经典的致敬，也是对我们共同生活的致敬。

四
班级故事：教养从哪里来

有一天早晨我刚刚到校，李振村校长就来到我们教室，拿出一封信，让我转交给小涵，嘱咐我只要小涵愿意，就可以读给全班同学听。

信的全文如下：

亲爱的小涵：

你好！

前天，我陪客人参观学校，走到你们教室门口时，我向客人介绍说："这是二年级的'小蚂蚁班'……"

小涵正好从我身边走过，听到我讲话，立刻笑眯眯地趴在我耳边，悄悄地说了一句话。可是，我没有听清楚小涵说的是什么，就继续向客人介绍'小蚂蚁班'，小涵又一次趴到我耳边，再次悄悄地说了一句话。这次我听清楚啦，原来小涵告诉我："小蚂蚁三个字你发音不准，是 xiǎo mǎ yi……"

我赶紧向小涵致谢！

小涵真是个好孩子，我说的"小蚂蚁"这三个字，音调不准，小涵听到了就马上来帮助我，这是我首先要感谢小涵的。

最让我感动的是，小涵没有大声纠正我的发音，他看到我在陪客人，就趴在我耳边小声纠正，这是为了不让我在客人面前难堪。能够用恰当的方式帮助别人，是小涵的教养，所以我要再次向小涵表示感谢！

祝小涵越来越懂礼貌。

校长：李振村
2014年9月26日

校长的信是写给小涵的，他也希望全班同学都能听到这个故事。

他总是能敏锐地捕捉到教育中的细节。

开学初，校长就提出了教养行动，希望孩子们与人交往有礼有节，说话得体，尊重他人。这也是我们这段时间的课程目标之一。

这件事的难度，除了外显的课程，还在于我们——和孩子们天天相处的成年人，也必须是这样的人。因为教养是自内而外，自然而然呈现出来的一种存在方式。

一年级最初的日子，我免不了急躁。有一天，李校长去听课，下课后，他只对我说了这样几句话："你有没有发现，小涵不听课，在教室前面走来走去时，你让他回到座位，就去拉他的胳膊，劲是不是用得太大了？孩子的胳膊有多纤弱？你的手劲有多大？而且，你是不耐烦去拉他的，因为他不听课给你造成了干扰。孩子会很不舒服，也会有不安全感。"

我顿时无地自容。那么多人说我有爱心、有耐心，他却能从细节中发现我的问题：爱，首先是理解。你真的理解孩子吗？

理解孩子，接纳孩子的一切，首先要理解自己，接纳自己的一切。一个老师，哪怕自己感觉到力不从心，也应该始终保持开放的心灵，编织一张老师、学生和生活的共同体的网。这需要巨大的勇气，也是帕尔默说的教学勇气。这勇气，首先来源于自我认同和自身完整。帕尔默这样解释：自我认同是认同并接纳构成我生活的多种力量，自身完整是能识别这些力量并选择那些适合我的，从而使我的自身保持协调和生机勃勃。也就是说，我接纳属于我的所有的一切，美好的，遗憾的，痛苦的，甚至让人绝望的，因为这都是真实的我，但我知道是什么能让我始终充满活力，能让我的生活如沐春风。

就像《放牛班的春天》里的马修老师，像《心灵捕手》里的桑恩教授，是什么让他们遇到重重困难也没有放弃？生活里有一地鸡毛，但音乐和被困住的孩子，心理研究和被困住的少年，给了他们巨大的勇气，他们因此也更深刻地理解了自身。自我认同和自身完整，首先不是为了成为一个优秀的老师，而是成为一个更好的自己：理解自己的不完美，每天就可以向着完美伸臂。

慢慢地，我课堂上不急躁，孩子们的沉静美好就显现出来。我降低分贝说话，孩子们也轻声细语。我有更多的时间和孩子一对一聊天，孩子们为我打开他们丰富的世界。

教养不是一个活动，就是我们日常的言行。

小涵的故事，来自这段时间我和孩子们讨论的问题：当别人需要帮助时，如何以让别人觉得舒服的方式去帮助？每天都在发生的同桌两个人合作学习，我们彼此以什么样的姿态合作？

孩子的理解和践行会远远超过大人。

当小涵把李校长的信读给全班同学后，课堂上接着发生了这样一件事：子阳因为自己的绘画作品不理想，又不知道从哪里开始修改，就一个人跑到教室外面哭了起来。哭得惊天动地。我出去抱着他，只是抱着他，让他慢慢平静下来，一直到了午餐时间。排队时，子阳站在后面，忍不住又哭起来——佳佳默默地走过去，拉起他的手，什么话也没说，和他一起往食堂走去。

两个孩子，拉着手走在队伍最后面。瘦小的佳佳，强壮的子阳，上楼梯，拐弯，穿过一年级教室门口，安静从容，就像从童话世界里走过。午饭后，子阳回到教室，重新开始作品的创作，脸上挂着笑。下午放学前的圆圈活动，大家要互致感谢，子阳说："我要感谢老师和同学们，因为你们让我从悲伤里走出来。"

都是细节，都是日常的柴米油盐酱醋茶。包括校长的那封信，也是再普通不过的事情。

就在这日常的琐碎里，我们需要时时反省：每一个孩子，是否都能从我们这里拥有舒适感？每一个孩子，是否都能被理解、被接纳？我们自身的教养，是否配得起孩子们看我们的目光？

在全课程的教室里，老师自身，是所有课程的起点。

我们确信：老师首先要看到自己，看到自己对孩子潜移默化的影响。无论道德领域，还是智力领域，孩子无意识学习的比例，远远高于有意识学习。

主题二：在一起

我们和地球是什么关系？

人类、动物和植物为什么相互关联、相互依存？

我们为什么需要沟通？怎样进行有效的沟通？

从纵向上看，《在一起》承接上一个主题，从探索自我成长，转到研究我们和地球、万物之间的关系，以及如何通过沟通让我们的关系更和谐。从横向上看，《在一起》又是一年级动物主题的深入。不同主题的安排，在教室生活中形成一个个漩涡，每一个新的起点，都在上一个漩涡的终点处出发，既让孩子看到自己能力的增长，又让孩子看到丰富的、不一样的世界。

第二个主题，围绕这两个问题展开，同时安排《木偶奇遇记》的共读和剧本，期末时全班同学演出，以此告别被控制的心理特征，拥有"我要做个好孩子"的稳定心理。

这个主题的表现性任务：

1. 保护地球行动计划书
2. 《木偶奇遇记》作品集及童话剧演出

一
关系和沟通

如果我们吞掉了南北极的最后一块冰，
如果我们捕完了海洋里的最后一条鱼，
如果我们喝干了最后一条小河里的最后一滴干净的水，
如果我们摘掉了最后一个果子，
如果我们砍掉了最后一棵树，
如果我们用最后一只动物的皮毛做成了大衣，
如果我们卖掉了最后几口新鲜的空气，
最后只剩下钱，可是钱又不能吃。
只剩下金子，可是金子又不能用来呼吸。
除非这一天，在地球的某一个角落的某一个洞里，还藏着一个小孩……
最后一个小孩，怀里抱着数不清的小鸟，口袋里装满了生命的种子。

——《如果地球被我们吃掉了》

这是一本意蕴丰富的图画书，文字简单但画面深邃。画面是用旧杂志、旧图画等拼贴出来的，呈现方式很环保。

封面上，一个蓝眼睛小姑娘拿着叉子准备用餐，盘子里是地球。旁边的杯子里有小鱼在游泳。封底依旧是这张桌布、这个盘子，但小姑娘、地球和小鱼都不见了……

打开书，每一页图画中蕴含的信息给孩子们很大的冲击。

第一个句子的背景，成千上万的企鹅和北极熊没有了赖以生存的环境，他们全都掉进大海里，溺死在汪洋大海中。在剩下的最后一块冰上，一只企鹅绝望地站在上面。这不是假设句，不是危言耸听，而是真实的正在发生的事情。

第二个句子的背景，鱼儿在渔网里挣扎，渔船上的人抓住渔网，左侧有一条漏网之鱼，眼神惊恐。人类可能会把鱼吃光吗？随着环境的污染与破坏，世界上的生物物种正在以每小时一种的速度消失。而物种一旦消失，就不会再生。

每一幅画面，都向孩子们展示了地球可能遇到的情况。当地球只剩下钱和金子的时候，画面中小女孩和猫咪的餐盘里只有硬币，一家人的穿着也都是金色的。蓝天白云、落日星辰，只能在相框里欣赏了。金色和蓝色的象征意义，引起孩子们很多思考。

最后一页，是山洞里一个睡着的孩子，还有她怀里的小鸟和口袋里生命的种子。

孩子们因此理解，他们是地球的守护者，希望的播种人。

那么，我们可以做什么？

完成一份"保护地球行动计划书"，动员家人和社区人员一起行动，并在班里做一次行动分享。

需要的任务支持：宇宙大爆炸的视频，地球的纪录片，绘本《生命的故事》，文章《食物链》，以及一系列环保的绘本和科普读物。

在这个课程中，所有学习资源都是他们完成任务的工具，孩子们因此更深地理解了我们和地球的关系，地球上万物之间的关系，也在完成任务的过程中学习了沟通和合作。

"我们DNA里的氮元素，我们牙齿里的钙元素，我们血液里的铁元素，还有我们吃掉东西里的碳元素，都是曾经大爆炸时千万星辰散落后组成的。这是宇宙最有诗意的事情：我们，都是星尘。"做行动分享时，小涵说出美国天文学家卡尔萨根的这段话，真诚而恳切。

二

共读共写《木偶奇遇记》

《香草女巫》让孩子们理解了"魔法"的概念，《木偶奇遇记》则让孩子们理解"真正的孩子"的概念。

每个人在小时候，都有木偶的特点，因为理智没有发展出来，容易被诱惑，也容易被奖惩操控。匹诺曹经历的种种磨难，都是"木偶脑袋"缺乏理智的选择造成的。整本书的主题，就是"成为一个真正的孩子"：拥有坚定的信念、成熟的心智和敢于担当的勇气。

故事分为五个部分：匹诺曹诞生、匹诺曹被玩乐和发财诱惑而历经磨难、匹诺曹惊险的上学旅程、匹诺曹变成驴子、匹诺曹救出爸爸并成为一个真正的孩子。

理解故事有两条线索，一是理解匹诺曹的选择，以及他为什么这样选择。比如，匹诺曹第一次上学的路上，选择了去听笛子的声音，是被玩乐的本能诱惑；拿着剧院老板给的五枚金币，选择相信狐狸和猫的话，是被贪婪所诱惑；选择说谎，要么是想逃避惩罚，要么是趋利避害的本能；选择帮老奶奶（仙女）提水，是为了得到奖赏……前四个部分中的匹诺曹，表现出了忘恩负义、懒惰自私、顽劣无礼、无知愚蠢等特点。直到最后，匹诺曹救出爸爸后，在回家的路上遇见了曾经欺诈过他的狐狸和猫，他们一个断手，一个瞎眼，匹诺曹平静地赠予了他们三句话:"偷来的钱结不了果""不义之财难享受""偷别人披风的人连衬衣都穿不上",这是他历经磨难后的真实体会,也是他心智成熟的标志。为了让生病的爸爸每天喝上一杯牛奶,他连续五个月天天去邻居家摇轱辘提水,表现了他的毅力和责任心。至此,仙女赐予他一个人的灵魂,让他变成了一个真正的孩子。

第二条线索,是理解匹诺曹在危机中发展出来的精神力量。故事写到了七处命悬一刻的时刻:被剧院老板当木柴烧掉、被猫和狐狸吊在树上、被关进监狱、被锁在狗舍、被当作木偶鱼烤着吃、被当作驴子卖掉和被鲨鱼吞进肚子。前五次危机中,匹诺曹发展出了正义、勇敢、机智、善良等精神力量,但这些力量是不稳定的。所以,象征了严厉母亲的仙女,让他经历了一次至暗时刻:变成驴子。从木偶到驴子,是一次脱胎换骨,也因此才有了他的幡然醒悟,和"做一个好孩子"的坚定信念。

这两条线索相互交织,孩子们阅读这个故事,就会理解选择、磨难和危机对成长的意义,理解诱惑和奖惩怎样决定了我们的选择,理解如何从危机中获得力量,理解人的价值和意义到底是什么。

在故事中,作者运用了很多象征和隐喻的手法,比如象征危险的"红虾旅馆"、黑白颠倒的"傻瓜城"、勤劳的"蜜蜂国"和彻底丧失理智的"玩具国",以及象征了良知的蟋蟀、堕落和偷盗的狐狸和猫等。这些地方和人物,都处在某种关联之中,推动故事往前发展。从这个意义上看,这也是一个寓言故事。尤其第二十三章的鸽子,它把匹诺曹带到海边,象征着平安、希望和新生。匹诺曹在大海中遭遇劫难,其中的水也是一个象征性的符号:水毁灭一切,又孕育一切;代表了惩罚手段,又代表了拯救手段。课堂上,带着孩子们去揭秘这些象征意义,是很有趣的一件事。

和《香草女巫》相比,这本书的难度呈几何级增长。孩子们何以能完成?维果茨基说:"教学,要走在发展前面。"对二年级孩子来说,独立朗读这本书都有一定难度,更不要说对概念的理解。但在老师的帮助、同伴的共同讨论下,孩子们就能完成朗读和相关写作。一旦完成这本书的共读，二年级孩子的读写能力就上了一个新的台阶：整本书阅读不再是难以逾越的阶梯，写作能力也持续增长。

读这本书时，我每天的作业只有一个：朗读。不认识的字可以"连猜带蒙"，只要不影响对故事的整体理解就行。为了帮助自己无法阅读的孩子，我就利用周六上午的时间，带着他们一起阅读——老师的个别对待，让这些孩子不至于在这场共读中落下。

孩子不多，有七个。每个周六上午，我带着他们朗读，兴致来了就表演。孩子们很喜欢。每个周五下午放学时，小程总会抱着我的胳膊问："我们明天上午还来读书吗？"

因为提前读过，这几个孩子在课堂上总能眉飞色舞。这是小学阶段最重要的"补课"。补课，补的是阅读，是孩子的自信。如果老师无法周末提前"补课"，也有很多一对一方式：和父母沟通后，让孩子通过网络汇报自己周末的朗读情况。或者孩子朗读录音，上传到自己的音频账号中，老师给予特别关注。总之，课程到一个"爬坡"的特定时刻，弱一些的孩子，要得到特别帮助。对一间教室而言，这些孩子的明亮程度，决定了一间教室的明亮程度；一间教室的明亮程度，又对每个孩子都是促进。

课堂讨论则遵循一个原则：理解匹诺曹的选择，关心他的命运，看到他的成长，并迁移到自身，思考自己的成长。

比如匹诺曹第一次上学路上的选择："他站在那里拿不定主意。可无论如何得做出决定：或者上学，或者去听吹笛子。"我设计的问题是：匹诺曹为什么会拿不定主意？为什么最后选择去听吹笛子？是什么在影响匹诺曹的选择？如果是你，你会怎么选择？

表达观点，是孩子天然的兴趣：

"因为吹笛子的诱惑更大一些。"

"因为他是一个木偶，没有听过吹笛子的声音，所以对吹笛子很好奇。"

一个孩子追问:"可是,他也没上过学啊,他怎么不对上学好奇呢?"

一个孩子马上回应:"因为玩乐更轻松。"

这时候,老师的引导就自然而然:"玩乐,不需要付出努力,喜欢玩乐,是人的本能,也是一种诱惑。所以,是什么决定了匹诺曹的选择?

孩子们一下子明白了:原来,是本能的玩乐的诱惑,决定了他的选择。

"那么,你有过这样的选择吗?"回到孩子们自身时,好多孩子说:"有啊,玩乐的力量总是比写作业的力量要强大呢。"

"所以,你们看,这样选择的时候,你还处在小木偶阶段呢。"

随着讨论的深入,孩子们的理解越来越深刻,匹诺曹心智成熟的过程,也是在读故事的孩子们心智成熟的过程。

"那么,你喜欢匹诺曹吗?"

在故事的开始,有孩子说:"不喜欢,他太调皮了,我和匹诺曹一点儿都不像。"也有孩子说:"挺喜欢的,虽然匹诺曹是木偶,但他也有良心,也很勇敢正义……"到故事最后,所有的孩子都说:"我太喜欢匹诺曹了!他就生活在我们中间!"

孩子们可爱,不肯承认自己像匹诺曹;但又在匹诺曹的故事里看到自己,匹诺曹变成一个真正的男孩时,内心获得极大的安全感。

朗读故事,充分讨论,持续写作,是我们三周里做的事情。写作,有四格漫画的故事梳理,有信息提取,有观点表达,有主题总结,还有故事创编。

孩子们多么喜欢写作啊,写一页,不行!"因为我们班上的同学都太能写了!我必须多写。"一个个暗地里较着劲,乐此不疲地写。

随着对匹诺曹的阅读,孩子们在悄悄地发生着变化。宇妈妈说:"嗨,自从开始读匹诺曹,宇懂事了很多呢!"这是童话和生命的同构。

最后一节课,音乐中,我们一起合唱电影《木偶奇遇记》的主题歌:

你对星星说心愿,

它会聆听你呼唤，
心中盼的一切事都会实现。
假如你心诚意志坚，
你要什么不难办，
你对星星说心愿，在梦里盼。
献出爱，好运就会随你转，
你期望的未来会甜美圆满。
好像晴空飞闪电，
好运来到你身边，
你对星星说心愿，
一定能如愿！

　　当全班同学在舞台上演出这个故事，每个孩子都许下一个一定做个好孩子的愿望时，又一粒种子，播在童年的岁月里。

三

课程拓展：跟着唐诗去旅行

为什么要跟着唐诗去旅行？

在那个盛大的时代，诗人们游历山水，踌躇满志时登上泰山说"会当凌绝顶，一览众山小"，登上鹳雀楼说"欲穷千里目，更上一层楼"；失意落寞时听着寒山寺的钟声说"姑苏城外寒山寺，夜半钟声到客船"，听着秦淮河的水声说"商女不知亡国恨，隔江犹唱后庭花"；送别朋友时在黄鹤楼上说"孤帆远影碧空尽，唯见长江天际流"，在渭城酒肆中说"劝君更尽一杯酒，西出阳关无故人"……

一座山，一栋楼，一个城，一条河，甚至是一条街道，一个亭子……都因为这些诗篇，熠熠闪光。

在经历一年的课程学习之后，每个孩子都要设计一条跟着唐诗旅行的路线图和一套完整的旅行方案，暑假里和家人、朋友完成一场真正的旅行。

我们要到哪里去旅行呢？依据不同的地点，我设计了四个主题：大唐长安、四大名楼、江南风景和边塞风光，再加上一个"跟着李白去登山"，选了三十五首古诗文，构成了唐诗旅行的五个主题。

唐朝的诗人们爱长安，爱江南，也爱边塞。

长安是他们施展抱负的地方，虽然诗歌不多，但长安城的辉煌灿烂，到现在都是一个传奇。江南是诗人们得意或者失意时必去的地方，留下了太多伟大的诗篇。边塞则是诗人们建功立业的地方，边塞诗因此成为唐诗中一颗璀璨的明珠。

旅行的第一站，长安。

课堂上，我们先从"唐朝，是一个什么样的朝代"开始聊起，又聊到为什么称为"大唐"，继而聊到为什么会有"跟着唐诗去旅行"的课程，孩子们已经对长安心生向往，再读孟郊的《登科后》，就水到渠成。

对春风得意的诗人来说，长安，是花团锦簇，是锦绣前程。

二年级的孩子，非常喜欢李白描写秋天的《子夜吴歌》。

> 长安一片月，万户捣衣声。
> 秋风吹不尽，总是玉关情。
> 何日平胡虏，良人罢远征。

这是《子夜吴歌》四首诗里最好的一首，因为诗歌里女子的情思，不是某一个具体的人，而是长安城里所有思妇的情感。在月色映照下，她们把布料放在石砧上敲打，让布料柔软一些——天凉了，要给远在边关的丈夫赶做冬衣了！"捣衣"，是做衣服的前奏。每一户人家，都被如水的月色照亮，传来此起彼伏的敲打声。在飒飒秋风中，这一声又一声，融进了思妇绵绵的相思。她们人在长安城，心却已经到玉门关：希望胡虏能被平定，这是国家大事；也希望良人早日回家，这是每一户人家的心愿。这种深沉绵长的家国深情，清晖万里，抚慰着千古人心，更有打动人心的力量。

理解这首诗的大问题是：诗里的主人公是谁？

在孩子先说自己的理解之后，细读时分别用这样的三个问题追问：读第一句，怎么能看出这是女子？读第二句，思妇们为什么要做衣服？读第三句，这是怎样的玉关情？

一层层追问，诗歌逐渐清晰，在充分朗读的基础上，回到长安：

对丈夫远在边关的妻子们来说，长安是一个什么样的地方？

二年级的孩子们，纷纷表达自己的观点：

长安，是妻子对丈夫的思念，是对边关亲人的牵挂，是对和平的期盼。

最后读杜牧的《过华清宫》，孩子们的情绪发生了很大的变化。那天的课堂上，有一个孩子突然就冒出一句："繁华的长安，就这样衰弱了吗？"接着一个孩子说："我真想告诉杨贵妃，赶紧想想你的国家吧，别只顾着吃荔枝了。"

孩子们小小的心里，已经播下了家国情怀的种子，已经有了关心国家命运的思考。

语文课上，我们带着孩子们云游陕西博物院：这一件件文物在诉说着盛唐的繁华，也在诉说着一个朝代的衰落。当孩子们了解到银壶上这么俊美的舞马曾经在宫廷里怎样地舞蹈，结果因为安史之乱被发配到战场，最后因为不会打仗而被乱棍打死时，我看到有的孩子眼泪都要掉下来了。

说到长安的小吃，就聊到了"biangbiang面"，孔雀竟然在黑板上写出了"biang"这个复杂的字，迎来同学们一片崇拜的目光。晚上，收到孔雀妈妈的留言：晚上，和女儿一起做了"biangbiang面"，孔雀爸爸还即兴写了这首诗，纪念这个有诗有美食的夜晚。后来，我要来这幅字，挂在了办公室里。

"大唐长安"的表现性任务是：完成一份海报，讲述自己心中的长安故事。在海报中，孩子们写下了和诗人相遇的趣事，要去打卡的西安名胜，要去吃的西安美食等。课堂上学到的诗歌和长安的知识，在海报制作中得到了很好的迁移运用。

于是，长安，不仅仅是一座城，更是一个文化符号，是一个让一群二年级小朋友念兹在兹的地方。

接下来的四大名楼：黄鹤楼、鹳雀楼、岳阳楼和滕王阁，同样激发起了孩子们的向往之情。

课堂上，诗歌仍旧是主体。

古诗是古代文人晋升和社交的重要媒介，语言凝练而高级。长期在这样的语言中浸染，孩子不仅对语言敏感，对微小和伟大事物的体察更为敏感。加之日常学习中理性的思考，会让孩子的生活既是诗的，又是思的。

《黄鹤楼》是部编教材初中二年级的一首诗，怎样带给小学二年级的孩子们呢？

我的原则是：整体的、故事的、情景的，而不是分析的、零散的。

首先，要把孩子们带入场景中。但我们不可能把孩子领到唐朝，黄鹤楼也远在千里之外，这个情境怎么营建呢？课堂上，我先绘声绘色地给孩子们讲述了一个跟黄鹤楼有关的美丽传说，开店的善良夫妻，驾鹤而去的道士，黄鹤楼的平地而起，一下子就吸引了孩子们。

然后，依旧是大问题引领理解诗歌。这首诗的大问题是：诗人为什么发愁？

但是，"愁"的情绪，得需要孩子自己发现。在我范读，孩子们初步读通后，我就问：你能读出诗人一种什么样的情绪？从哪个字读出来？

从语文教学的角度，这是对文本整体感知的能力。从孩子学习的角度，是在培养孩子面对陌生而有难度的古诗文，勇敢地说出自己理解的能力。这既是培养孩子对诗文的敏感，也是在培养孩子的勇气。

果然，这么长的一首诗，就有孩子抓住"愁"这个字，说出了诗人的情绪。这首诗孩子是模模糊糊不懂的，但是总有敏锐的孩子能发现。因为每一次都这样训练孩子们的诗歌解读能力，二年级结束时，孩子们初次面对一首古诗，就能七七八八说个差不多。

我顺着孩子们的疑问，就抛出了大问题：诗人为什么愁？

课堂上，要从大问题出发一层层追问。追问不同于提问，提问是一个问题接着一个问题，追问是一层一层地逼近大问题。

昔人已乘黄鹤去，此地空余黄鹤楼。

黄鹤一去不复返，白云千载空悠悠。

比如对前两句的理解，一个老师记录了我课堂上和孩子们的对话：

师：黄鹤一去呀，它再也没有回来过，这里只剩下什么了？
生：白云。
师：诗人说，这是什么样的白云？
生："千载"的。
师：千年以来，从三国时期，黄鹤楼就是军事要地，这里曾经战火纷飞，这里也曾经繁华热闹，但是现在，这千年的故事已经消失了，没有了，只有白云未曾改变过。给你什么感觉？
生：孤单。
生：还有忧伤。
师：哪个字你觉得最能表现出这种孤独和忧伤？
生：黄鹤一去不复返。
师：是哪一个字？而且这个字还出现了两次？
生：鹤。
生：黄。
师：黄鹤楼空荡荡的，一切都消失了，只剩下白云在空悠悠地飘着。哪个字？
生：空。
师："此地空余黄鹤楼"，这是空间的空；"白云千载空悠悠"，这是时间的空。我们来读这两句，读出诗人的孤独和忧伤。

孩子们这时候的朗读就有了理解，有了情感。我接着说，古诗很忌讳同样的字在一首中出现两次，"空"却出现了两次，"黄鹤"竟然出现了三次，可后人给予这首诗非常高的评价,这是为什么?一个孩子说:"我读这两句诗,就感觉很顺畅,好像就是诗人一口气说出来的,和我读其它的诗都不一样。"太敏锐的感受力!再读,这两句的气韵就出来了。

晴川历历汉阳树,芳草萋萋鹦鹉洲。
日暮乡关何处是,烟波江上使人愁。

最后两句是借景抒情,孩子们知道诗人的愁,是因为思念家乡。但为什么会思念家乡呢?就不太明白了。在这首诗中,"芳草"是解读乡愁的一个密码,在外漂泊的游子看到芳草,就会想起屈原《楚辞》中的:王孙游兮不归,春草生兮萋萋。如何让孩子去感受这独属于中国的文化符号?

师:黄鹤楼面临长江,水汽特别重。到了傍晚时分呢,空气中的水汽和长江水汽混合在一起,就像烟雾一样。就在这烟雾缭绕的黄鹤楼上,诗人心里非常发愁。读到这时,你有没有问题啊?有没有发现矛盾啊?

生:景色很美,为什么还发愁呢?

师:厉害!他明明看着翠绿的树,看着萋萋的芳草,怎么看着看着就很忧伤了呢?这是多美的景色呀!

生:想回家回不去。

生:想念家乡。

师:为什么会想念家乡?

生:因为他看到黄鹤楼想到忧伤的事,然后他就想到了家乡。

生:可能到下午天晚了,他就忧伤了。

师:哈哈,非常好的共情能力。这是你们的理解。告诉你们一个秘密啊,在唐诗里面,诗人写"芳草",很多时候就是诗人想家了。因为芳草每年都绿啊,北京的草,一到春天就会绿;鹦鹉洲的草,一年四季都是绿的；诗人家乡的草，也会绿。所以啊，看到芳草，就容易想起家乡。当然，还有你们刚才体会到的，天也晚了，江上也起了烟雾，这一切都让他觉得——

生：忧伤！

师：把忧伤读出来，起！

……

每一堂诗歌课，孩子都很喜欢。

贾平凹在一篇散文的开始就说："我第一次进山东时，春正发生。"他巧妙地利用了"好雨知时节，当春乃发生"。好的诗，是有音乐特质的，好的文字也是如此。对语言敏感的背后，是对万事万物的敏感。古诗词作为中国人文化的根源，也是中文阅读和写作的基础。

沈从文说，于清晨极静之时，听到鸟鸣，令人不敢堕落。这句话，来自孟浩然的"春眠不觉晓，处处闻啼鸟"。看到细微的世界，想到宏大的宇宙，拥有悲悯的情怀，是诗可以给孩子的。

但是，跟着唐诗去旅行，又不止于诗歌。这是紧贴大地的旅行，是可以和孩子们当下的生活息息相关的。今天，我们这片土地上的建筑、美食、风俗人情、地理人文里，都藏着唐诗的影子，荡漾着古人的情感与思想。为此，我们设计的"四大名楼"的表现性任务是：北京赫德学校要进行中国名楼设计展，请你以设计师的身份，设计一座楼，给楼命名并且赋诗一首。

为了完成这个任务，老师们设计了两节关于古代名楼的建筑课，孩子们对这些知识有着天然的热爱，很自然地迁移到了自己的设计中。

我们都很为孩子们的设计惊叹，也惊叹他们的语言运用能力。最终，每个孩子都获得了"北京赫德设计师"的证书。隆重的颁奖仪式，带给孩子们很高的成就感。最后，他们又在美术课上用太空泥捏塑出了自己设计的楼，在学校里进行了展出。

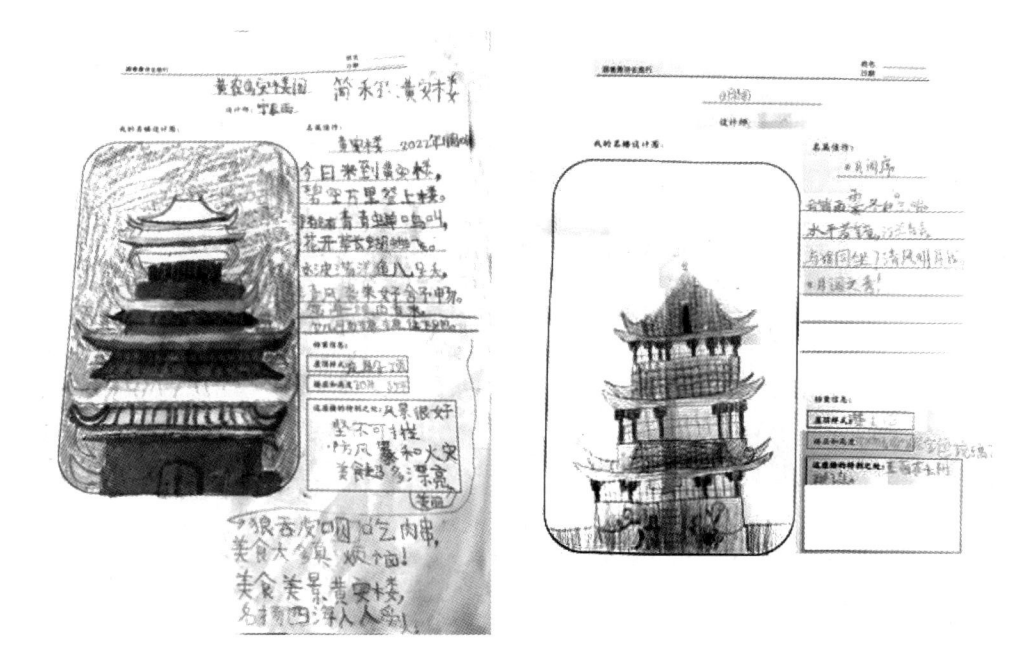

让经典活在当下，过一种有中国美学的现代生活，是"跟着唐诗去旅行"的根本原则。

四
部编教材：指向技能的训练

一二年级部编教材的一篇篇课文，主要指向技能训练：基础的识字、写字和朗读，以及基本的语文知识。

技能训练的核心是"训练有素"，需要平时的刻意练习，做到扎扎实实。我们的做法是：

1. 基础知识过关制

识字、写字以清单的方式，保证每个孩子都能过关。我们以"周作业"的方式，把一周的知识清单化，周五发给孩子（一年级需要家长理解，并给予支持，直到孩子能自主复习），下周自主复习，逐一过关。一、二年级周作业的知识清单上，主要是本周要认识的词语和要听写的词语。词语会认了，就到老师这里过关，这给学习能力暂时偏弱的孩子以充足的时间，让他们能从容学习。会写的词语，会在下周集体听写，有错误及时改正。"小步子，快节奏，勤反馈"的原则，保证字词学习的扎实掌握。

2. 确定清晰的学习目标

每篇课文平均用力，是很大的浪费。因为课文类型不同，目标不同，用力的方向和时间自然也不同。根据王荣生先生对选文类型的定位，可以分成三类。

第一类是定篇。定篇都是经典，目标是"彻底、清晰、明确地领会作品"。

比如古诗、寓言。但在一、二年级，这样的文章很少。

第二类是例文。例文的目标是"让知识得以感性地显现"，课文是为知识服务的。这样的选文有二分之一。

第三类是用来训练朗读、识字和写字的材料。这类文章的目标最清晰，教学时就聚焦朗读、识字和写字，短平快解决，文章内容不必做过多分析和讨论。

3. 建立稳定的学习程序

在火车上，手机最耗电，因为它需要不停地寻找基站。在课堂学习的时候，人的大脑也是一样。如果孩子每次都知道这节课的流程，知道自己要达到什么标准，他就能把精力集中在内容的领会上。所以，花时间培养学生建立稳定的课堂学习程序，能让学生更加专注。

我分别举例文和定篇的两类文章，呈现不同类型课文的处理方式，以及稳定的课堂流程。

例文举例：

二年级上册第四单元要学习的语文知识是：用思维导图介绍一处景点。教材选了三篇课文表现这个知识：《黄山奇石》《日月潭》和《葡萄沟》。

怎样让孩子通过课文学习，掌握这个知识呢？以《日月潭》为例，课堂流程如下。

第一环节：预习（5分钟）。

1. 自主朗读课文，提出朗读标准：不错字、不掉字、不添字、不读破句子。一边读一边思考日月潭有什么特点。

2. 自主识字，提出识字要求：课文后面要求认读的字，先在课文中圈出来，然后不看拼音能读准，并给每个字组两个词。

第二环节：预习检测（5分钟）。

1. 检查朗读，对应前面的四"不"标准。

朗读后，让孩子理解文章"总分总"的结构，知道哪一句是文章的中心句。这个知识点要让孩子能准确把握。

2. 检查识字。去掉拼音检查读，每个字组两个词读。

第三环节：大问题理解课文（15分钟左右）。

讨论的大问题是：作者是怎样介绍日月潭的？

通过对第二、三、四自然段的细读讨论，总结出日月潭"美"的特点。每个自然段的理解，让孩子学会抓关键词。比如，早晨是"隐隐约约"，中午是"清晰"和"朦胧"等。这样，日月潭美的特点自然就理解了。每讨论完一个自然段，老师及时板书。讨论完，板书完成。板书的目的是为后面孩子自己完成思维导图做准备。

第四环节：孩子自己完成这一课的思维导图（剩余时间，及课后时间）。

这样，每一节课都按照相同的程序学习：预习、练习，练习借助大问题细读，练习课文的思维导图。三篇课文学完之后，孩子们就已经熟悉了如何制作思维导图。最后，自己完成一个景点的思维导图，并介绍给大家，资料搜集能力和演讲能力也得到了训练。

纵观一个单元的学习，目标清晰，课堂高效，通过思维导图介绍景点的知识也完成了迁移运用。

定篇举例：

寓言作为定篇，对二年级的孩子来说，目标定位如下：

1. 理解作者怎样通过故事说明一个道理。
2. 理解故事讲给哪些特定的人听。
3. 积累寓言延伸出来的成语，并能用成语写生活中的事。
4. 用四格漫画画寓言故事。

检测孩子对寓言是否真正理解，是自己能否创作一个寓言故事。但是，二年级孩子还不具备象征意义的写作能力，所以，我就把成语的运用和积累作为一个核心目标。在二年级对寓言有了浪漫理解之后，等到三年级进行寓言课程，孩子们就可以创作自己的寓言故事了。

二年级上册教材的选文，是四篇中国寓言：《坐井观天》《寒号鸟》《我要的是葫芦》和《狐假虎威》。为了让孩子理解得更透彻，我又补充了 10 则最经典的中国寓言故事。课程编排如下：

1. 教材中的课文学习

（1）通过四篇课文的学习，理解故事内容，并理解寓言要告诉我们的道理，知道这个道理是说给哪些人听的。

（2）理解、积累从四个寓言中延伸出来的成语，并能把这些成语运用到生活中。

课堂的基本流程是：

第一环节：朗读和自学生字。

第二环节：自学检查。

第三环节：理解故事内容和故事的讲述方式。

文本细读有两个目标，就要有两个大问题，第一个大问题指向内容，第二个大问题指向表达方法。比如，《坐井观天》的第一个大问题是：青蛙为什么不相信小鸟的话？说清楚这个问题，寓意自然就出来了，这个寓言故事适合讲给什么人听自然也就清晰了。

第二个大问题是：作者是怎样讲述这个故事呢？用"起因、经过和结果"理清故事结构，为后面画四格寓言漫画做准备。

第四环节：学成语。

一个寓言故事，延伸出不少成语，这是中国寓言的一个特点。我们抓住这个特点，给孩子补充成语故事，丰富他们的词汇。《坐井观天》补充的成语是："井底之蛙""管中窥豹""鼠目寸光"。孩子理解之后，当堂完成如下作业：用图画表示出这三个成语的意思，并选择其中一个成语写一写，写出你想把这个成语送给谁，以及送出去的理由——这是对成语的运用。孩子们给每个词语配了简洁明亮的图，准确表达了自己的理解。句子也写得童真童趣，很有自己的思考：

我想把"井底之蛙"送给我妈妈，因为我妈妈永远看不到我的好。

（妈妈总是盯着孩子的缺点看，孩子才把这个成语送给妈妈。）

我要把"鼠目寸光"送给夏桀，因为他不把老百姓放在眼里。

（这是一个喜欢历史的孩子，联想能力很强。）

……

2. 阅读和讨论 10 则寓言故事

这 10 则寓言故事，有我们熟知的《叶公好龙》《惊弓之鸟》《画蛇添足》等。孩子们自由阅读，要求如下：

（1）朗读 10 则故事，并在每一则寓言下面，写出作者想告诉我们的道理。

（2）给出 10 个成语，和寓言故事连线。比如：口是心非、心有余悸、多此一举……以此检测孩子们对寓言故事的理解。

（3）选择一个自己最喜欢的寓言故事，用四格漫画的形式表现出来。

孩子先独立完成前两个题目，然后课堂上分享，再讨论四格漫画怎么呈现（分成哪四部分，怎样配文字），最后孩子们完成自己的四格寓言漫画。

3. 寓言故事会

孩子们自己搜集寓言故事，举行一次寓言故事会。

通过这样的课程设计，二年级孩子就对寓言有了一个初步的了解。等到三年级，孩子们会学习伊索寓言，并和中国寓言做比较，从而完成自己的寓言故事创作。

主题三：在春天里，做一件美丽的事

门神是什么？中国人为什么要在春节时贴门神？其他国家也有门神吗？

什么是自然笔记？我们如何用自然笔记记录大自然？

我们如何呈现春天的五彩斑斓？

围绕上面的三个问题，同样也有三个单元的学习。其中，自然笔记是重点。和一年级相比，二年级的春天课程，开始关注中国的春节文化，关注对自然变化的感知和探究，感受自然之美和人文之美。在写作上，开始通过孩子们都喜欢的自然笔记，进行大量的、自由的、兴致勃勃的写作。

这个主题的表现性任务，是每个孩子拥有一本以自己名字命名的自然笔记本。

一
"呼叫自然笔记"

二年级第二学期开学第一天,照样从正在经历的生活入手:春节刚过,中国人爱贴的门神是怎么回事呢?语文课上,我们阅读、讨论门神的故事,通过鱼骨图整理故事结构。美术课上,老师带着孩子们欣赏门神、画门神,孩子们设计的门神丰富有趣,现代感十足。语文课上,我又带着孩子们,通过文字介绍自己的门神。最后,我们把画好的门神、写好的故事贴出来——语文和美术的结合,让门神活在了当下,读写能力和设计与绘画能力都得到训练。教室里,一地的牛皮纸,一地的颜料,孩子们很开心:"嗨哟,有门神保护我们喽!"

为此,就拉开了春天课程的序幕。

一年级的春天课程,根据春天的时间顺序展开,以诗歌和故事为主,聚焦花儿的研究,写下了不少诗歌。二年级的春天课程,以自然笔记为主,聚焦整个春天的变化,进行观察和写作。

在这个过程中,我们朗读了小书房创立人漪然的散文诗《四季短笛》,在文字的芬芳里,向逝去的漪然致敬。然后,我们读了十二本一套的《最美的法布尔昆虫记》,日本的小林清之介编写的。练习朗读,学习做昆虫卡片,进行昆虫故事演讲,孩子们玩得不亦乐乎。

我们一边读,一边去自然观察,写自然笔记。每个孩子都有一本精致的，用自己名字命名的自然笔记：佳佳自然笔记、小颖自然笔记、小涵自然笔记……从树木萌芽，到虫鸣鸟啼，再到繁花盛开，从春天写到夏天。每个孩子的自然笔记本上，至少有30篇图文结合的记录——这样的写作量，孩子们还总是说："呼叫自然笔记！"他们为什么能如此痴迷？

第一，大自然里的思维课，是兴趣最直接的来源。

和一年级一样，每周，我们都有一节大自然的思维课。思维课的时间点有两个，节气的时候一定要出去观察，不是节气的时候就寻找契机。

惊蛰，我们去校园里寻找小虫子，没找到的，就趴在地上，倾听小虫子们在地下的"私语"。

春分，校园里一树树的玉兰花，一边开，一边落。

清明，小区里的杏花开了，海棠花也开了。

谷雨那天，我讲了谷雨的节气故事，给了孩子们一个自然笔记的开头，"谷雨无雨，校园里也看不到谷物"……就把孩子们放到校园里，去看、去写。远远观察了一片叶子，写下了这段话：

> 谷雨无雨，校园里也看不到谷物，但一切都在生长着。你瞧，那边有一片奇大无比的叶子，看起来就要从树上掉下来了，我不忍心把它带到教室。我看到它心里就想，叶子，你不要掉下来，大地会接着你的，明年的春天，你会变成一片新的叶子。

远远没有像其他孩子那样，去写万物至此时的生机勃勃，这片叶子，是不是她自己内心的映射呢？每一个孩子的观察和记录，永远都是我们理解孩子的渠道。

不是节气的时候，总有很多契机等着我们。

校长在学校楼顶建了一个阳光农场，有一天，我发现里面种植的草莓熟了，美国诗人库斯金的小诗《我是草莓》马上从脑子里跳出来：

我喜欢生长，
生长真叫人喜欢。

叶子软软的，
太阳暖暖的。

我熟了红了圆了，
就有人把我扔到篓子里边。

做草莓不是总那么好玩，
今天早晨
他们把我放进冰淇淋，
我冷得直打战战。

  课堂上，我给孩子们看阳光农场草莓的照片，再出示这首诗，他们乐得哈哈大笑。在朗读和讨论中，当一个孩子说"哎呀，我要告诉草莓，草莓冰淇淋是我的最爱"时，孩子们来了兴致："我们去阳光农场看看草莓，告诉它这个秘密吧！"

  学习，就这样自然而然发生了。带上自然笔记本，带上彩笔，我们悄悄来到阳光农场，观察草莓，画下它的样子，再回到教室，为草莓写一首诗，要求分行来写，写出草莓的内心活动，至少三个小节。孩子们写得特别开心：

我喜欢生长，
生长真叫人喜欢。

叶子是我的遮阳伞，
太阳是我的妈妈。

谢谢你今天来看我，
还把我画下来，
写进你的自然笔记。

为了让你写出更多
我的故事，
我要使劲生长，
长得又红又大又甜。
成为一个草莓，
是多么有趣的事情。

更让孩子们惊喜的是，第二天，他们真的吃到了来自学校阳光农场的草莓。一畦小小的草莓，带给孩子们创作的灵感和一段"草莓"味道的回忆。

自然笔记中的每一次创作，都来自大自然，来自真实的情境。这样的写作，带给孩子们内在被触动的体验，令孩子们收获到的不止是知识，还有无拘无束创作时感受到的自信和成就感。

第二，基于"喜悦"的反馈，保护了每个孩子写作的热情。

除了学校的自然笔记创作，每个周末，固定的作业也是自然笔记。每周，也有固定的自然笔记分享课。我对自然笔记的评价只有一个标准：是否带着"喜悦"之情去做。于是，就有了"喜悦自然笔记"的称号。

那么，规定自然笔记写的格式吗？

周末回家完成的自然笔记，一般不规定是《四季短笛》式的散文，还是《昆虫记》式的故事，完全取决于孩子们自己的兴趣。学校里完成的自然笔记，会有内容的要求:如果是自然的观察,就要写出自己看到的、闻到的、触摸到的和想象到的;如果是根据自然的事物来创编故事(比如虫子之间、虫子和花之间等),我会带着孩子们先讨论故事中会出现哪些角色,这些角色之间是什么关系,他们可能遇到什么问题,怎么解决问题,以及结果是什么。有了这样的讨论,孩子们的故事写作结构就越来越清晰。

但是,在低段,比一切技巧重要的是"兴趣"。30多篇基于"喜悦"的自然笔记,在持续的练习和反馈中,孩子们的写作能力有了极大提高。

有一次,一位杂志的编辑去"小蚂蚁教室"听课,记录了我们当天的课堂。我摘录一部分。

一、了不起的创造大师

常老师说:"这次的自然笔记诞生了一个了不起的创造大师,就是小天。我被他震撼了。小天,请你和大家分享一下吧。"

这个叫小天的孩子,非常开心地分享了自己写的一个乐谱。他说:"那天,你们去阳光农场写生,我不想去,就在教室里写了这首谱子,我来给大家讲一讲这首谱子是什么意思……"

小天用故事的方式,绘声绘色讲述了他自己创作的乐曲,大家都赞叹不已。讲完后,小天给常老师鞠了一躬:"再会了,老师。"

全班同学都笑了,模仿那句"再会了,老师",常老师也笑眯眯地说:"期待下一次在你的创造里再会哦。"

真是温暖的教室。

二、你们的风格各不相同

常老师说:"你们每个人都有自己不同的风格,请佳佳来分享她的风格。"

佳佳分享了自己对绘画和文字怎样合理搭配的调整。她说,她以前的风格是绘画和写字分别占一部分,字写得多,画画得少。她从立夏那一天开始，就开始换风格了……

常老师接了一句："嗯（所有学生也跟着"嗯"）。进入夏天，我人生的风格要改变了。"

佳佳说："是的，风格改变后有很大的乐趣，我现在是让绘画和文字融合在一起，区分得不那么明显。"

显然，这是一个有艺术风格的孩子。

三、超级无敌喜悦自然笔记

常老师在PPT里出示一个孩子的作业时，问大家："猜猜看，这是谁的作品？"

一个孩子说："小严吧？我看很像是小严的！"

孩子们马上给了掌声。

我猜，小严应该是写作偏弱的孩子。但老师和同学们，表现出来的都是赞赏。

常老师说："你们瞧，小严观察了月季，写了一个月季花和芍药花比美的故事。故事写得很完整，月季花和芍药花的特点也都写了出来。小严，和大家分享你的故事吧。"

这个个子高高的男孩子，很开心地分享了自己的作品。

常老师说："没有比喜悦更重要的事情了。小严啊，写200字，还是写300字都不重要。重要的是很喜欢地去做。我就从小严的自然笔记里，看到了超级喜悦。"

一个孩子说："那就是超级无敌喜悦才对呢。"

又一个孩子说："我一看小严画的花，我就喜欢上了。"

再一个孩子说："画得这么好，我还以为是佳佳画的呢。"

这样的教室，温暖友善，孩子们怎么可能不成长呢？

……

每个孩子的作品都被点评到，或多或少，但是一个也没有落下。最后，常老师带着孩子们读这首诗，感谢大家把在大自然里学到的一切和大家分享，以此结束这堂课。

我站在大地上
向石头学习
我仰望天空
向鸟儿学习
……

这是周末自然笔记的反馈，因为没有统一要求，就会发现孩子们的"不一样"。后来，有几个爱好音乐的孩子，也学着小天，用乐谱来讲述故事。佳佳则是引导潮流的孩子，她对绘画和文字的安排，给了很多孩子启发。亲爱的小严，曾经一到写作就说头疼的孩子，现在也已经能写 200 字的故事了。

基于"喜悦"的反馈，把孩子们兴致勃勃地带入下一次的写作中。在这个基础上，再引导孩子写得更清晰、更生动。反馈的技巧在于，能发现孩子写作中最闪耀的"点"，孩子和孩子之间就会互相学习，在进一步的练习中，能力就会呈螺旋上升的趋势。

二
共读共写《虫子旁》

《虫子旁》是朱赢椿的一本书。

"小蚂蚁教室"的孩子们没有读到,在全课程5.0版本修订中,这本书才确定为春天里的共读书。

和前面共读的书不同,这是一本直接指导写作的书。王琪老师说,孩子们之前的写作,是想象世界的遨游。从这本书开始,进行现实世界描摹的训练。在北京赫德学校,三周的时间,我看到老师们带着孩子们朗读和讨论,看到孩子们自觉运用书中的故事结构和词汇来写自己的观察笔记,很惊叹这本书对孩子们的影响。这是王琪老师写下来的共读《虫子旁》的过程。

从作家那里学习写作

王 琪

虫子世界作为一个复杂而动态的系统和春天的植物们完全不同。如果说自然笔记是直接从自然中获取写作素材,那么《虫子旁》其实是从优秀作家那里汲取写作的方法和灵感。老师作为媒介,联通了孩子和自然、孩子和杰出作家,打破了教师自身的局限。课程也层层递进,统一中富有变化，激发了孩子们对写作的热情。

1. 共读《虫子旁》

我们在二年级上学期共读了《香草女巫》和经典童书《木偶奇遇记》。每一章的概括、分析、写作，可以让孩子们的阅读理解和写作能力得到显著提升。《虫子旁》和前面两本书在内容上有很大差异，它是带有一定的自然观察笔记性质的散文。是关于虫子的记录、故事和思考的结合。我们的文本精读也围绕这三个层次，层层递进。

我们共读的是《虫子旁》的少儿精装版。这本书里有几十篇关于虫子们的故事，最终我们选取了关于蚂蚁、蜘蛛、蜗牛和甲虫的若干篇，进行精读。之所以会这样安排，是为了保证孩子们在精读过程中的系统性和完整性。所以看似简单的共读结构，其实是思考良久的结果。孩子们不仅可以在单篇文章的学习中获得知识和能力，还会在一系列的篇章中思辨。

我们先让孩子们了解文章的一般结构，学习如何自然地描述时间、天气、地点和物候；学习如何细致描写虫子们的活动；学习如何表达自己的感想。这一基本结构也帮助孩子们在记录植物笔记的时候，把观察到的细节连缀成章。

然后我们重点精读每一个故事里的细节描写。比如《两只蚂蚁在打架》，我们和孩子一起细致分析每一回合两只蚂蚁的先后动作，判断胜负；在《蜘蛛家的遮阳篷》里我们一起分析作者描写蜘蛛卵袋的角度和不同的手法；在《骑金龟子的蜗牛》里，我们则采用双线梳理主要角色的行为，搞清楚整个事情发生的过程，等等。孩子们在共读过程中对每一个故事如数家珍，同时熟悉了这些文章的写作结构和描写方法，在自己的写作中应用。

最后，孩子在学习《等待日出》和《抑郁的叶甲》这两篇文章的过程中发现，这些小虫子承载了很多作者的想法。每一篇文章都存在两个部分：一部分是作者所看到的现实，一部分是作者赋予虫子们的人格和他自己的想法。孩子们觉得这不仅是一本虫子的故事，也是一本有很多思考的书。

与此同时，我们还收获了很多新鲜的词语。孩子们在课堂上根据上下文理解"惬意"的意思，觉得"惬意"是既舒适又开心。有小朋友就询问："老师，那为什么一定要用惬意，不用舒服开心呢？"由此开启了我们对词语新鲜而生动的积累历程。每一节课我们都在朗读中一起为词语寻找近义词，联系上下文猜测成语的含义。

因为特别清晰，所以最后写关于这一课程的总结时，亲爱的孩子们对老师说："我非常喜欢《虫子旁》，因为非常透彻，这种感觉很好。"

孩子们并不怕困难，但他们需要清晰的思维和可以感知的成长。

2. 如何写虫子的记录

精读《虫子旁》的同时，我们进行了写作练习。写作练习也跟随着共读，有层次、逐步地推进。

由于在自然中观察虫子，是一件很不确定的事，老师也无法了解整个观察的过程，在写作中提供帮助就会很困难。所以为了训练孩子们能够清晰地写出虫子们的行为，我们利用照片和视频让孩子们聚焦于虫子的具体行为，帮助孩子们写作。

在分析完关于蚂蚁的故事后，孩子们发现作者写蚂蚁特别细致：蚂蚁动了哪一根触角，伸出了哪一条腿，走了几下等，都写得清清楚楚。孩子们说："这是把微小的事物放大的能力，就像摄像机一样。作者的摄像机就是他的眼睛和大脑。"

在学习完关于蜘蛛的文章后，我们一起看了蜘蛛如何织网的视频。一步一步写清楚蜘蛛是如何织网的。因为孩子们对辐射对称之类的术语没有那么熟悉，所以他们要把蜘蛛织网讲明白就要开动他们的大脑了。

我们特地选取了能够织出巨大蛛网的达尔文树皮蛛的织网视频，每一个细节都让孩子们惊叹。他们在写作中说："达尔文树皮蛛织网喷射出来的蛛丝在阳光下有彩色的光芒，它那么小的身体，竟然可以吐出长达 25 米的蛛丝，一直到河对岸。这太令人惊奇了。"

在这个过程中，孩子们既被神奇的虫子世界吸引，又被写作的理性力量牵引。即使写字不是一件容易的事情，有顺序地讲清楚这些细节更难，但孩子们的意志力因此而得到了锻炼。

3. 如何写虫子的故事

当孩子们发现作者并不仅仅只是记录虫子们的生活、行为，而是在此基础上，用自己的联想写了虫子的故事，孩子们有一种恍然大悟的惊喜。于是我们也一起写虫子的故事。我们给孩子们提供了图片，让孩子们创编故事：一个是青蛙和蜗牛的图片，一个是蜗牛和蒲公英的图片，孩子们任选其一。和二年级上学期围绕已经有的故事续写相比，这一次写故事挑战更大——所有的情境和角色定位都只能通过观察图片才能得到。但因为前期一系列的训练，孩子们的能力已经有了很大的进步，所以他们在一节课内写出了结构清晰、语言优美干净的故事。

我们学习的最后一个故事是《秋风中的步甲虫》。秋天来了，翅膀没有力气的步甲虫独自停在一棵残败的蒲公英上，不知道在想什么。孩子们要为这篇文章续写。他们的续写所体现出的诗意，让人赞叹。他们感受到了甲虫的孤独，也感受到了孤独中的沉思，当他们写大雪从天而降，甲虫在风雪和漂泊中睡去，又有孤独的诗意。他们写甲虫醒来时，温暖的春天已经来临了，让人在泫然欲泣中重拾对世界的信心，有一点安徒生的味道。

4. 《虫子旁》的总结课

我们在梳理了全部所学的虫子们之后，一起共读了作者最后一篇文章《看虫》，了解了朱赢椿先生看虫的原因、看虫的方式、看虫的目的以及看虫的思考。因为我们前期深刻地穿越，所以即使这篇文章明显超越了二年级水平，孩子们在理解上也没有难度，反而水到渠成。孩子们一起写了关于《虫子旁》的总结，他们说："我很喜欢这里的虫子和作者的思考，本来以为是一本关于'虫字旁'的书，结果却是一本'在虫子们身旁'的书。"

虽然舍不得，但告别也意味着新的成长。课程虽然结束了，也许孩子们观察虫子们的世界，却只是一个开始。

共读《虫子旁》、学习写作，是这个春天我们做得最美丽的事。

"向作家学习"，显然是最好的写作途径。

很多老师和家长都困惑：有些孩子读了很多优秀作家的书，怎么就是写不好文章？

首先，语言积累是一个长期的过程。语言敏感度高的孩子，容易被启发和点燃；语言敏感度不高的孩子，只要坚持高品质的阅读，在积累到一定程度后，就会以突然涌现的状态呈现出好的写作能力。我们要确信，每个孩子理解和运用知识的速度、能力各不相同，只要在友好和被支持的环境中，每个孩子都能具备相应的读写能力。

其次，孩子读的书要足够丰富。文学类的绘本、桥梁书和整本书，要在低中段占70%的比例。这些经典的书，无论结构还是语言，都是孩子学习的范文。同时，经典的意义，还会对孩子的心理建构、人格素质起着重要作用。有些孩子喜欢科学、历史、漫画，如果70%的时间用在了这些书的阅读中，想写好文章是比较难的事情。

向作家学习，就要阅读时真诚地和作者对话，听作者怎么讲述一件事，怎样谋篇布局，怎样遣词造句，然后再迁移到自己的写作中。

三
班级课程：生日诗

进入二年级，每个孩子过生日时，由故事变成儿童诗。

为什么是儿童诗？

绘本是一年级孩子的最佳营养，儿童诗就是送给二年级孩子的最好礼物。二年级的孩子，正处在语言发展的爆发期，已经能感受和把握儿童诗的节奏和秩序，能体会诗歌里语言的精妙。读诗，再进行创作，都是培养语感的最佳途径。

30个孩子，30首儿童诗，属于过生日的孩子，也属于全班同学的诗歌课。

今天又是静的生日，投到屏幕上的PPT里，写着"静，生日快乐"。

静自然来得早，等着接收同伴们进教室后那一声"生日快乐"。一年级的生日故事《重要书》，静多么为自己是一个女孩感到骄傲。在教室生活中，静展现了她的写作天赋，文字感觉很好。只是，静依旧敏感，我常常感受到她的不确定感。

和一年级一样，整整一天，静都是教室里的主角。

生日诗会开始时，我拿一把椅子放到教室前面，请静坐下来。

音乐中，我送出属于她的生日诗——金子美铃的《玻璃和文字》：

玻璃
看着空空的，
透明透亮。
可是，
很多玻璃堆起来，
就像大海一样蓝。

文字
就像蚂蚁
又黑又小。
可是，
很多文字聚在一起，
却能写出黄金城堡的故事。

在我范读，请一个孩子朗读，然后全班练习朗读后，提出大问题来帮助孩子们理解："玻璃有什么特点？文字又有什么特点？"

孩子们很快就总结出来："透明透亮的玻璃，堆起来就有了大海一样的蓝色；像小蚂蚁一样的文字，聚在一起就能写出神奇的故事。"

"那么，我们为什么要把这首诗送给静呢？"这个问题，指向的是诗歌和过生日孩子的深度链接，每个孩子都在这一刻发现，这首诗就是属于静的。

"因为静心灵美好，就像玻璃一样。"

"因为静的故事写得非常好！"

……

面对诗歌本身，我们对话和朗读，直到能够理解，甚至背诵。生日故事影响有多大？很多孩子都记得一年级的《重要书》，也都会链接那个故事，告诉静她是最重要的，她的故事也是最重要的。

讨论完后，我播放静的写作，她写的故事，她画的画，和她的生日诗遥相呼应。最后，我再送出我写的一段话：

亲爱的静啊
像玻璃一样透明透亮的静啊
故事在等着你书写
公主历险
小人国奇遇
所有的故事
包括你的故事

每个故事的结尾
一定温暖美好
每个故事的主人公
一定坚强长大
亲爱的静啊
像玻璃一样透明透亮的静啊
你是自己故事的主角
你是最重要的那本书

一年级，我们在静的生日故事里，表达她是一个女孩的喜悦；二年级，静长大了，我们表达满心的喜悦和祝福。生日歌唱过之后，我们讨论了还有什么事物聚在一起会有更大的力量——这是为接下来创作诗歌做准备。有了讨论，孩子们就再一次理解了诗歌的结构，写下了送给静的生日诗：

沙子

看着那么小，
毫不起眼。
可是，
很多沙子堆起来，
就有了美丽的沙滩。

亲爱的静，
像沙子一样有力量的静，
沙滩上写出美丽故事的静，
祝你生日快乐。

——来自小颖的祝福

这是静的生日课，也是全班同学的语文课。

和一年级一样，孩子们写下的生日诗装订起来，加上封面封底，就是属于过生日孩子的生日诗集。诗集同样做两本。教室的书架里单独开辟一个空间，就放孩子们的生日诗集。孩子们很喜欢翻阅，看到他人，也看到自己——自己真诚地送出祝福，也会得到同样真诚的祝福。一年下来，30个孩子，就有30本诗集，这是教室的精神财富，也是无比巨大的力量。

关于生日课，李振村校长这样说：

教室作为一个物理空间，可以呈现多样的色彩和温度：可以标准化、冷冰冰，秩序严明；可以充满知识的气息，紧张学习的氛围，高效运转；还可以温情荡漾，四季如春……这一切都取决于这间教室里会有什么"事件"发生。

如果教室里每日循环的是上课下课、纪律训诫、作业刷题……那么，这个空间就是一个标准化的车间，学生成了车间的零部件，在这里，学生不可能找到自我，生发创造，体现尊严。

如果教室里有课程、有学习、有游戏、有活动、有仪式、有规则，师生生活其间，充满好奇地探求知识，积极主动地解决问题，努力发现每个人的美好，那么这间教室就会阳光明亮、生态健康。

"生日课"，就是一缕虽然细弱却能照亮教室的阳光。

四
班级故事：我们家秀秀

"这是我们家秀秀。"我习惯这样介绍她。

"很多时候，她比我更理解孩子……"

"她领悟力很高，从不盲从，对课堂有自己的理解……"

"她单纯，说话太过直率，有时候让人接受不了……"

……

和秀秀包一个班，更像居家过日子，她给我的启发，并不比我给她的少。有两件事，也深刻地影响了我。

"常老师，你有没有发现，小阳的号召力好强呢！男孩女孩都喜欢聚在他身边。"小阳？他可是常常把人弄哭的小霸王，他的号召力怎么会很强？同学们应该很烦他吧？这是我的第一反应。

"不是的，他非常仗义。如果他把别人弄哭，一定是打抱不平。虽然很多时候也是鲁莽，但他很少会因为自己的事招惹人。你发现了没有，小阳很爱笑，也很贴心。有一次……"

我发现了没有？没有。我很惭愧。秀秀能看到我看不到的孩子的全部，能听到我听不到的来自孩子的声音，原因很简单：课下，她经常和孩子在一起，心无旁骛，真诚地和他们聊天、游戏。我的见障却很多。好的教育，首先是理解孩子——走到孩子中间，放下一切成见去倾听他们的心声，是不是最好的途径之一？

"常老师，我觉得，我们教室生活这段时间有些单调了，艺术带给孩子的感觉少了，孩子眼睛里的光也有些黯淡了。"

我一惊。忙的时候，人的感觉容易麻木。秀秀也忙，一天下来，没有什么空闲，但她却能始终保持一种敏锐。当美术只有蜡笔，当音乐只有唱歌，艺术就无法照亮孩子。包班生活的原则之一，就是让艺术完整地作用于孩子的身体和心灵，对教室生活起一个平衡作用。于是，我们买来丙烯颜料和油画布，让孩子更加大胆地运用色彩；我们请戏剧老师给孩子教音乐剧，我们和孩子们一起跳，准备自己也尝试一把……

好的教育，需要老师有足够的敏感，以及对教室节奏的把握。但是，何以具备这种本事？秀秀让我知道，无论多忙，都要学习保持内心的一种"空"。摒弃杂念，把心放在教室里——教育无它，唯念兹在兹尔。秀秀比我纯粹，她做得比我好。这和经验无关。

因此，在一、二年级包班期间，她每周都给孩子们上科学课——那是孩子们最爱的课。北京师范大学数学系的高材生，对科学的理解同样深刻。每一节课，她都精心准备，设计了各种实验，自己琢磨出了一套小学一、二年级的科学课系统。课堂上，她讲得很少，就是让孩子动手，在试错的过程中不断修正自己的做法。有一次做飞机模型，有的孩子遇到问题了，来找秀秀，我听到秀秀说："你再找找原因，再试试看。"秀秀说，她对课堂的感觉，对孩子的了解，是从科学课开始的。等到高段，孩子们有了专业的科学老师，得到了科学老师这样的评价："你们班孩子的科学思维，已经远远高于同龄段孩子。而且，高出的不是一个段位。"学校科技周比赛，"小蚂蚁"们囊括了一半的奖项。

我和秀秀每天带着孩子们跑步、跳绳，做各种体育游戏。我累了的时候，秀秀总是说："常老师，你休息一下吧，我带着孩子们去玩就好。"孩子们欢呼雀跃，他们更喜欢和像姐姐一样的秀秀老师疯玩在一起。

语文课上,每当孩子们写诗、写文章时,我和秀秀都会和孩子们一起写。每一次,秀秀都比我写得好,因为她不想着"教育",她心里永远住着一个孩子。

秀秀年轻,我鼓励她每周给家长写一封信,和家长分享教室里发生的事情,呈现孩子的成长——就像我年轻时做班主任那样。一开始,秀秀也怵头,对自己写的东西不满意,我就一点点帮她修改。秀秀聪慧,没过多长时间,她给家长的信,我几乎就不用改动了。家长们说,喜欢读秀秀的信,平实,有对教育真诚的反思。

当然,年轻的秀秀,也有很多的力不能及:课堂的节奏把握不好,教室纪律和自由的关系把握不好……但是,她那么年轻!她每天都在阅读,每天都在反省,每天都在书写,她会成为非常优秀,甚至卓越的老师。

当我重新修改这篇文章时,教龄已经长了七岁的秀秀给我留言:

常老师,你知道吗?我带着语文老师做了二年级《木偶奇遇记》的共读读本,也有相关数学知识的运用。和你在一起的几年,我看到了阅读对孩子的意义。我就想着,要和你一样,做一点有意义、有创造的事情。

数学老师带着语文老师做共读读本。

我们家的秀秀,长大了。

主题四：大地与星空

从古至今，人类的居住环境发生了怎样的改变？为什么会发生这样的改变？建筑师们在这个过程中做了哪些努力？

面对星空的浩瀚神奇，人类有哪些想象和探索？为什么会有这样的想象和探索？

有人说，丑小鸭本来就是天鹅，无论怎样也都是天鹅，不会成为鸭子。安徒生则说，"只要你曾经在一只天鹅蛋里待过，就算生在养鸭场里也没有什么关系"。养鸭场、天鹅蛋、天鹅，分别代表了什么？

孩子们将围绕这三组问题展开学习，了解人类如何诗意地栖居，也了解人类如何勇敢地探索未知世界。这个课程，和一年级的海洋课程相对应。海洋的浩瀚，大地的厚重，星空的神秘，是人类探索的永恒主题。《丑小鸭》则向刚刚具有一定能力的孩子们展示，我们要不断地超越狭隘的生活范畴，去往遥远广大的世界，埋下高贵神奇的种子。

这个主题的表现性任务：

1. 设计一所自己心目中的学校，用不同形式表现出来。

2.《丑小鸭》班级戏剧表演。

一
创造星空世界

大地上的居住学习，是 5.0 版本全课程才有的。在北京赫德学校，孩子们去探究世界上不同房屋的特点，又在圆顶怪杰皮普和建筑大师高迪的故事里，感受创造和美，理解他们的信念和毅力，最后通过表现性任务"20 年后的赫德学校"的设计，展现他们在这个课程中的理解能力。

"小蚂蚁教室"的星空课程，从张衡数星星开始，到神奇的星空动物园，再到人类对月球的探索——从历史、神话，再到科学，同样激发了孩子们的好奇心。关于星座的想象，是二年级的孩子最着迷的事情：学习《星空动物园》，他们就已经创作了不少有趣的故事。浩瀚的星空，可不仅仅是希腊神话里人和动物的故事，还可以是星空植物园、星空花园……只要你的想象力足够丰富，那些闪耀着的星星，就能为你打开一扇开启神奇世界的窗。所以，在课程的结束仪式上，孩子们重新创造了一个星空世界。

整整一个下午的时间，二年级的孩子们全部参与。

百米蓝布，已经铺在了走廊里；丙烯颜料和画笔，也已经为孩子们准备好了。星空单元，五个班，每个班创造一个不一样的星空世界，在画布上画下来，再悬挂在走廊廊顶——这是人类共有的星空，也是我们创造的星空。

于是，我和孩子们商量，想创造一个什么星空世界。孩子们有各种不一样的想法，也有各自的坚持。小镝坚持做星空花园，因为做了那么久的自然笔记，他们对花很敏感，而且画出来也好看，色彩绚丽嘛！明亮说："做星空玩具城吧，我们对玩具最熟悉不过了！"小燊说："还是做星空游乐场吧，你看游乐场里也有花啊，游乐场里也有玩具啊，就都整合了吧！"佳佳坚决反对："游乐场里画什么花啊，简直四不像……"

最后，各自陈述，投票决定。星空游乐场票数最多。

孩子们笑："讨论啊讨论，表决啊表决……"正在排练《德国，一群老鼠的童话》呢，孩子们对民主生活稍有了解。

佳佳噘嘴了："游乐场里画花！游乐场里画花！"她很想做星空花园，女孩子的心思。

一旦画起来，孩子们的各种想象，仍旧远远超过了老师们的预期。

小镝、小庄和小天这仨兄弟，这个学期抱成一团，同时创作了十几篇关于水果的自然笔记，画风竟然也开始一致——同伴之间的相互影响，远胜过老师。他们拿着书，一边研究一边创作。

分享时，他们这样来阐释自己的设计：

"我们用乌鸦座和汉江座设计了一个售票亭，用水瓶座做了一座假山，因为水瓶座是一个往上弯得像山一样的星座。"

"假山的脚下，有一个滑梯，是根据天蝎座来设计的。"

"我们根据巨蛇座的尾部，设计了几个双节棒。"

"假山下面是一个羽毛球场，是根据北斗七星设计的。羽毛球场里面有一个按钮，一摁下去，羽毛球就自动弹出来。旁边还有一架鹰式飞机，是根据天鹰座设计的。因为我们的游乐场在天上，其他星球的人必须得乘着飞机来游玩。"

"小朋友都喜欢玩飞镖，天鹰座旁边有一个不知名的星座，我们就根据它的形状进行了设计。我们就用一个可以带着人飞到天上去，不知道名字的星座设计了一个飞镖……"

有人说，三十年之后的中国，已经由信息化时代进入概念化时代。如果说逻辑能力是信息化时代人才的特点，设计能力、高概念化、高感性就是概念化时代人才的特点。比如"苹果"，它靠的就是好的理念，或者说，它就是靠概念取胜的。未来，很多事情都可以用电脑所替代，但只有创意不能。

每个孩子，都沉浸在了自己创造的世界里。每个世界，都是被重视、被珍惜的。

这是佳佳和小雅的设计——一门心思想着花儿的女孩子，游乐场里竟然多了无线网络信号。

美丽的远远设计的是过山车，过山车是弯弯曲曲的，她就联想到了天鹅座，因为天鹅座也是弯弯曲曲的。红色的过山车要有扶手，她就想到了黑色，因为黑色和红色搭配起来比较和谐。远远还在旁边画了一个降落伞，降落伞里的人直接落到过山车里，这样的游乐场会很好玩。

最后，当所有人离开画布时，远远还在专注地画着她的降落伞，心无旁骛，安心自如。远远啊，我眼看着她一点点突破自己，慢慢舒展，慢慢找到自己。一年级上学期，远远还不能阅读；一年级下学期，远远的画还那么拘谨。今天，远远已经让我们看到了生命的美好。等待，不是一件容易的事，源自老师对课程的信任，对生命的信任，对岁月的信任。

与其说，这是星空世界的设计，不如说，这是孩子对自己生命的设计，对未来的设计。

下午星空设计结束后，各班申请晚放学四十分钟，继续排练这个学期的童话剧。

累不累？当然累，但大家喜欢。今年的剧，各班都有自己的创造。甚至，去小剧场排练时，那么复杂的音响设备，郝琳硬是自己会操纵了！

放学后，我们照例聚在一起，讨论孩子的情况和后面课程的安排——转眼，半个小时又过去了。临近学期结束，有很多事情要做。

脑子里装了一堆近期必须做完的事情，老师们又去修补孩子们涂抹的画布，做一点简单的添加，写上自己班级的星空名字：小蚂蚁星空游乐场、小毛虫玩转星空、小种子星空海底、向日葵星空花园、小星星森林派对……

夜幕将至，大家疲惫、满足地散去。

一天，倏忽而过。孩子们的生活饱满、充实、快乐。

一天，倏忽而过。老师们的生活同样饱满、充实、快乐。

每一天，都是这样倏忽而过。二年级这一年，经历了多少个这样的一天？这些年轻的老师，就在这样的一天天里，书写了多少传奇故事？

课堂宁静润泽，孩子们思维活跃——当一位著名特级教师走进二年级教室，甚至无法招架来自孩子的挑战。

每间教室都有自己独特的气息："小毛虫教室"的教养，"小种子教室"的有序，"向日葵教室"的向上，"小星星教室"的民主，都和这间教室的老师息息相关。

孩子们较高的阅读和书写能力，来自平日里扎扎实实的训练。

……

一间教室的温度，是由教室里的人决定的。我要怎样说，才能表达出对这些年轻人的敬意？他们从来都是兴致勃勃，从来都是敞开心胸，无私地接纳。和他们在一起，我学到很多。

他们都深深懂得，当我们看到孩子的美好的时候，就是照见了自己的美好。当我们投入教室时，是生命深处的呼唤，就像我们共同读过的泰戈尔的《吉檀迦利》中写的那样：

  在那里，心是无畏的，头也抬得高昂；
  在那里，知识是自由的；
  在那里，世界还没有被狭小的家园的墙隔成片断；
  在那里，话是从真理的深处说出；
  在那里，不懈的努力向着"完美"伸臂；
  在那里，理智的清泉还没有沉没在积雪的荒漠之中……

二
共读共写《丑小鸭》（一）

部编教材二年级课文中，有改编的《丑小鸭》，426字。
叶君健先生翻译的《丑小鸭》原文，6500字左右。
教材中的结尾是这样写的：

  一天，丑小鸭出来散步，看见丁香开花了，知道春天来了。他扑扑翅膀，向湖边飞去，忽然看见镜子似的湖面上，映出一个漂亮的影子，雪白的羽毛，长长的脖子，美丽极了。这难道是自己的影子？啊，原来我不是丑小鸭，是一只漂亮的天鹅呀！

原文的结尾是这样写的：

  当太阳又开始温暖地照着的时候，他正躺在沼泽地的芦苇里。百灵鸟唱起歌来了——这是一个美丽的春天。
  忽然间他举起翅膀：翅膀拍起来比以前有力得多，马上就把他托起来飞走了。他不知不觉地已经飞进了一座大花园。这儿苹果树正开着花；紫丁香在散发着香气，它又长又绿的枝条垂到弯弯曲曲的溪流上。啊，这儿美丽极了，充满了春天的气息！三只美丽的白天鹅从树荫里一直游到他面前来。他们轻飘飘地浮在水上，羽毛发出嗖嗖的响声。小鸭认出这些美丽的动物，于是心里感到一种说不出的难过。

"我要飞向他们，飞向这些高贵的鸟儿！可是他们会把我弄死的，因为我是这样丑，居然敢接近他们。不过这没有什么关系！被他们杀死，要比被鸭子咬、被鸡群啄，被看管养鸡场的那个女用人踢和在冬天受苦好得多！"于是他飞到水里，向这些美丽的天鹅游去：这些动物看到他，马上就竖起羽毛向他游来。"请你们弄死我吧！"这只可怜的动物说。他把头低低地垂到水上，只等待着死。但是他在这清澈的水上看到了什么呢？他看到了自己的倒影。但那不再是一只粗笨的、深灰色的、又丑又令人讨厌的鸭子，而却是——一只天鹅！

只要你曾经在一只天鹅蛋里待过，就算你是生在养鸭场里也没有什么关系。

对于他过去所受的不幸和苦恼，他现在感到非常高兴。他现在清楚地认识到幸福和美正在向他招手。——许多大天鹅在他周围游泳，用嘴来亲他。

花园里来了几个小孩子。他们向水上抛来许多面包片和麦粒。最小的那个孩子喊道：

"你们看那只新天鹅！"别的孩子也兴高采烈地叫起来："是的，又来了一只新的天鹅！"于是他们拍着手，跳起舞来，向他们的爸爸和妈妈跑去。他们抛了更多的面包和糕饼到水里，同时大家都说："这新来的一只最美！那么年轻，那么好看！"那些老天鹅不禁在他面前低下头来。

他感到非常难为情。他把头藏到翅膀里面去，不知道怎么办才好。他感到太幸福了，但他一点也不骄傲，因为一颗好的心是永远不会骄傲的。他想起他曾经怎样被人迫害和讥笑过，而他现在却听到大家说他是美丽的鸟中最美丽的一只鸟儿。紫丁香在他面前把枝条垂到水里去。太阳照得很温暖，很愉快。他扇动翅膀，伸直细长的颈项，从内心里发出一个快乐的声音：

"当我还是一只丑小鸭的时候，我做梦也没有想到会有这么多的幸福！"

丑小鸭为什么能变成白天鹅？

如果只读教材，孩子们的答案就是：因为他努力坚持。只要努力，梦想就一定能实现，"风雨之后必定见彩虹"。

如果回到原著，在细读的过程中，孩子们将打破这样的偏见，深刻理解安徒生那句"只要你曾经在一只天鹅蛋里待过，就算生在养鸭场里也没有什么关系"的含义。"天鹅蛋"是一个象征，象征着愿望、努力、坚持和成功之后的谦卑，这是新的观念。

这是一个探讨"你是谁"的伟大故事。它的经典和深邃，值得放在童话榜单的首位。不读原著，就无法探究故事里藏着的秘密。意浅的文章，只能用作识字写字。意深的文章，才能进行思维训练，进行人格熏陶。

"当太阳又开始温暖地照着的时候，他正躺在沼泽地的芦苇里。"这时候的丑小鸭，面临着死亡的危险，而不是改写过的"一天，丑小鸭出来散步"。丑小鸭经历了那么多的痛苦，被同伴欺负，被妈妈赶走，被猎狗追赶……严冬里，他又差一点死去。一个人，经历九九八十一难后，都会被命运厚爱，都会修成正果，这是信念和坚持的力量。

"这儿苹果树正开着花，紫丁香在散发着香气，它又长又绿的枝条垂到弯弯曲曲的溪流上。啊，这儿美丽极了，充满了春天的气息！"安徒生写乡下景色，很细腻，很安静。就像故事开头写的那样："乡下真是非常美丽。这正是夏天！小麦是金黄的，燕麦是绿油油的。干草在绿色的牧场上堆成垛，鹳鸟用它又长又红的腿子在散着步，啰唆地讲着埃及话。这是他从妈妈那儿学到的一种语言。田野和牧场的周围有些大森林，森林里有些很深的池塘。的确，乡间是非常美丽的。"从夏天到春天，从万物盛大到万物苏醒，安徒生的景色描写很有节制，不渲染，不张扬，但很有力量，也暗示了丑小鸭从出生到重生的过程。改写过的却只有一句"看见丁香开花了，知道春天来了"。这样的简单，是无法让孩子体会到语言的美和奥秘的。

更不用说，原文对丑小鸭重生之后复杂心情的描写有多么撼动人心。他看见三只天鹅，"心里有说不出的难过"，因为这是他的梦想，是他的渴望。梦想无法实现，渴望始终无望，他怎能不痛苦？当他决定靠近自己的梦想时，我们因此听到了他内心的呼喊："我要飞向他们，飞向这些高贵的鸟儿！可是他们会把我弄死的，因为我是这样丑，居然敢接近他们。不过这没有什么关系！被他们杀死，要比被鸭子咬、被鸡群啄，被看管养鸡场的那个女用人踢和在冬天受苦好得多！"丑小鸭的梦想，就是对美和自由的追求，这是人类永恒的追求，为了靠近和抵达它，我们能承受苦难，甚至不惧死亡。

"他感到非常难为情。他把头藏到翅膀里面去，不知道怎么办才好。他感到太幸福了，但他一点也不骄傲，因为一颗好的心是永远不会骄傲的。"他是最美的天鹅，怎么会难为情，甚至无所适从？一个人，在梦想实现时，仍旧怀有一颗谦卑之心，才是真的高贵——丑小鸭要飞向的那些"高贵的鸟儿"，不仅仅是外形的美丽，更是那颗好的心。

天鹅蛋，就是那颗高贵的心。

这是经典的力量。

为此，我们把原文分成"出生、养鸭场被欺负、沼泽地的危险、农家小院的选择和严冬的考验"五部分，计划用两周的时间完成，读写能力目标如下：

1. 能全文朗读，做到正确、流利，读出自己的理解。

2. 能通过细读理解丑小鸭所处的环境，理解丑小鸭的选择，以及"天鹅蛋"的意义。

3. 能通过学习单梳理故事结构，用文字表达自己对故事的理解，能对人物进行评价。

4. 能通过线索图画出丑小鸭的成长之旅。
5. 能完成《丑小鸭的自白》写作。

三
共读共写《丑小鸭》(二)

丑小鸭每一部分的学习,采用的都是"朗读＋讨论＋完成学习单"的方式,最后用一篇大写作《丑小鸭的自白》结束。孩子们的朗读,做成音频发到自己的音频账号中,我逐一听,逐一反馈,以保证朗读过关。课堂上,就有足够的时间聚焦大问题的讨论。

"读了第一部分,你知道了什么"

第一部分,大问题的设计要足够开放,让不同程度的孩子都能表达自己的观点。

"读了第一部分,你知道了什么?"

这个问题,每个孩子都能说,说什么内容也可以。当我回头听课堂录音,发现有些孩子的发言还是被我漏掉了——老师能听到每个孩子发言,真不是一件容易的事。

辰说,他知道了鹳鸟是埃及的一种鸟。

这应该是他最感兴趣的,虽然与主题无关,我仍旧认可了他的理解。

佳佳说,请大家翻到18页,鸭妈妈说她已经坐了这么久,就是再坐一个星期也没有关系，鸭妈妈很坚持，不会轻易放弃自己的期望。我由此判断，鸭妈妈很爱宝宝。

根据课文来发言，佳佳懂得学习的要义。

小博说，根据佳佳的发言，我还可以得出另外的判断，就是鸭妈妈之所以坐很长时间，是因为这个蛋就像吐绶鸡的蛋，需要很长时间才能出生。

女孩子会比较容易从爱的角度做出判断，男孩子则更加理性一些。

小然继续说，这也能看出丑小鸭不是这个家庭的成员，所以妈妈孵它的时候，和孵别的蛋的时间就不一样。

这三个孩子了不起，始终在围绕一个话题往前推进，而且触及到了核心：妈妈爱丑小鸭，但在故事的一开始，丑小鸭就是与众不同的。遗憾的是，我当时没有把握住这三个孩子发言的内在逻辑，也就没有及时总结出来。

小泽岔开去，说他知道了牛蒡的叶子很神奇，它那么大，大到小孩子能直着腰站在下面。

小泽会自然回应这些新奇的事物，这是他的特质。

这时候，小杰的发言又把课堂擦亮了。她请大家翻到 16 页，读了一开始其他小鸭纷纷出壳的一段，然后语出惊人："我其实要说的是下面这段话！"了不起！她知道先要引起同学们的注意，然后再抛出话题，这孩子，还懂得欲扬先抑。哪一段呢？

"'这个世界可真够大！'这些年轻的小家伙说。的确，比起他们在蛋壳里的时候，他们现在的天地真是大不相同了。"

小杰说，她从这句话得出的判断是：小鸭子们在蛋壳里的时候，感觉世界很小，但是破壳出来的时候，就感觉世界可真大。但妈妈说，你们以为这就是整个世界啊？世界大得很呢！

我大为欣喜，提示大家能不能围绕这个话题继续说下去。小泽马上站起来总结，他说小鸭子在不同的地方，世界是不一样大的。

小燊说，他妈妈告诉过他，心有多大，世界就有多大；心有多小，世界就有多小。

小燊没听懂小泽的话，我请小泽继续说下去，他不肯，话题就中止了。其实，后面的故事还没展开，我不应该请小泽继续说。总是想给每个话题一个答案，是我的一个毛病。

这时候，黑板上已经出现了这样几句话：

1. 景色很美
2. 一只像吐绶鸡的蛋
3. 妈妈的爱
4. 这个世界真够大

我说，这几句话都是我听大家的发言时整理的，不是我自己想出来的——问题是：我为什么要整理这几句而不是其他几句呢？

几个年轻人听课，这时候才明白了课堂的节奏：让孩子充分地说，老师要能"抓"住孩子的发言，把能体现故事线索的发言拎出来，以此培养孩子把握故事的能力。她们开玩笑说，课堂上，老师退后以后，其实是更重要了啊！

接下来，我们就围绕这四句话展开朗读和讨论。回头听录音时，依旧能感受到课堂上欢乐的气氛。孩子们发言时，我一直在提醒，课堂的美妙，就是从不懂到懂——这个阶段，最明显地体现了这一点，孩子们的欣喜也由此而来。

安徒生为什么一开篇就写"乡下真是非常美丽"！安徒生是怎么写的？我们一起来读读——这时候的朗读才是有意义的，因为问题驱动在那里。孩子们读得很美，也懂得了这样的景色描写，预示了这个故事的结局也会是完美的。而接下来的"一只像吐绶鸡的蛋"，预示的则是丑小鸭的与众不同和充满危险的经历。妈妈的爱，是故事的起点，小音有一句话说得特别好：没有爱，就没有丑小鸭的生命，鸭妈妈要安安全全地把丑小鸭生出来。第一部分中，鸭妈妈的爱是重点讨论的话题。鸭妈妈对丑小鸭竭尽全力的保护，孩子们在朗读中都能体会到。最有意思的是最后那句"这个世界可真够大"，我问孩子们，这句话和整个丑小鸭的故事有什么关系。

孩子们有些蒙，说出的答案五花八门。虽然他们以前听过这个故事，但都是删节版的，与原文出入很大，就无法理解丑小鸭内心的渴望。我笑着说："你们不懂了吧？不是听过这个故事就能懂的，要不，我告诉你们？"

小涵大声说了一句："不要告诉我们，我们喜欢自己说！"

孩子们哈哈大笑。

前段时间的那些阅读策略（"预测与结果""根据理解做出判断"等），真发挥作用了。

孩子们喜欢的，是"思"的挑战。课堂的魅力，也在于此。猜了几次，这个问题最终还是存疑，放到黑板上了。对这个问题，他们当下是很难理解的。

接下来的惯例，是学习单。我当时的设计有些简单，5.0版本的学习单，在王琪老师的设计下丰富了起来：

一、请你画出这一章节的内容，并且用文字概括。

二、丑小鸭是一只与众不同的鸭子，他到底和其他小鸭有什么区别？请写出来。

三、请评价鸭妈妈。

四、你想对刚出生的丑小鸭说什么？请写下来。

第一题的结构（绘画是增加作业的趣味性，一年级开始写绘的孩子，对绘画表达已经轻车熟路），第二题的分析，第三题的评价，指向文本细读。最后一道题把自己带到故事里，让孩子们站在丑小鸭的角度去理解他。阅读，是培养同理心最好的途径之一。

课堂，就是一个通过对话形成新的观念的过程。这样的学习单，不要求有新鲜见解，只要求"观点清晰，表达准确"，就是很大的挑战。一开始，很多孩子都做不到，因为，准确、清晰的表达意味着理解。孩子听懂了，不代表理解。只有能表达出来，才意味着理解。以高效学习著称的"费曼教学法"，讲的就是这个道理。

无法准确表达的孩子,唯一帮助他们的法宝就是"一对一"指导。一个个来,一次次单独的讨论,再一次次的重写,能力偏弱的孩子,在这个过程中有了很大的提高,同时也提高了他们课堂对话的参与度。

"上完这节课,我毫无头绪"

第二部分描述的,是丑小鸭在养鸡场里看到和遭遇到的世界。

鸭妈妈决定带孩子们去养鸡场里,是要见识一下广大的世界,更重要的是要在那里定居下来,过上不愁吃的生活。这堂课要辨析的关键是:

鸭妈妈为什么要带孩子们去看广大的世界?这个世界是什么样子的?丑小鸭之"丑"到底是怎么回事?你和丑小鸭之间,又是什么关系?

从这堂课开始,文本的理解就有了两条线索:世界之大和丑小鸭之"丑"。简洁、干净、丰富、深邃——这四个词语可以是语文课堂同时具备的"风格"。干国祥老师说,课堂既然是雕刻时间的艺术,那么把多余的石头去掉就是关键。剪尽芜枝,才能让主题、主旨亭亭玉立。而一个主旨的鲜明,大多数时候需要若干个主题同时映照,乃至于用自己的生命去试着领会。

简洁与干净,意味着抓住主旨。丰富与深邃,意味着课堂必须走向深入。任何主旨,最终一定是生命的切身体会——没有任何外在于生命的知识。

这堂课的讨论要比第一节课难很多,孩子们因此就有很多次从主旨岔开去的发言。听录音整理时,发现还是因为自己当时反应不够,没有及时"抓"住——我因此对课堂更加充满兴趣,研究老师的聆听与应对成为一件非常有意思的事情。

学习单上,我列出了三个话题:

1. 鸭妈妈为什么要带孩子们去"广大的世界"?这个世界是什么样子的?
2. 丑小鸭为什么会觉得自己"丑"?

3. 如果你在养鸡场，是鸡鸭中的一员，面对着这个和你不一样的丑小鸭，你会怎么做？

关于鸭妈妈的做法，孩子们都能理解到她的爱之深切：去见识这个世界，是为了能在这个世界里生存下去；红布条老母鸭说真希望能把丑小鸭重新生一次时，鸭妈妈坚决拒绝；在丑小鸭不断被欺凌时，她鼓励丑小鸭离开，去更加广大的世界里去。是鸭妈妈的爱，给了丑小鸭力量，这也是丑小鸭生命的底色。

关于这个广大的世界，小桐说，这是一个喧闹的世界，他读了两个家族在争夺一个鳝鱼头的课文内容。根据故事内容发言，已经成为大部分孩子的习惯。

小博说，他同意小桐的观点，但他同时认为，对丑小鸭来说，这是一个被嘲笑的世界。

小萱说这是一个争吵的世界，晗说他们的争吵仅仅是为了食物——这时候，我提醒孩子们可以结合马斯洛的需求层次理论，来分享自己的观点。

小涵接过话头，说他们之所以喧闹、争吵，就是为了能吃到鳝鱼头，这是生理的需求。生理的需求，就是他们最大的需求。

小博马上给小涵补充，说在养鸡场里，鸡鸭们需要的，不仅仅是生理需求，也有安全的需求，因为鸭妈妈一再提醒孩子们要小心猫儿。但丑小鸭好像一开始就比他们的需求高，他是社交的需求。小博提醒大家看24页，丑小鸭很想有一个朋友，可没有人在乎他的需求。

小涵迫不及待地又站起来说，其实对丑小鸭来说，是既没有满足安全的需求，也没有满足社交的需求。

我接了一句：这个所谓的广大的世界，对丑小鸭来说，是一个很不安全的世界。

小凡很成熟地说，是的，对丑小鸭来说，这是一个很小的世界，因为所有人都不爱他了。他的世界会越来越小，小得他都不想在这个世界生活下去了。

我在录音里听到小凡这句话时，眼泪竟然差点掉下来。经由这个伟大的故事，一个二年级的孩子，对生命也有了同情的理解。

这几个孩子的发言给了大家启发，接下来的发言就比较多，大家都能理解到丑小鸭的出走是被迫的，因为他连最低层的需求都不能够被满足。如果继续待在养鸡场里，他也许会死去的。

我还是提醒大家读一读描写养鸡场里最有声望的人——脚上有红布条的老母鸭的部分，思考这个世界还有什么特点。这时候，教室里要求发言的人很少，因为很难理解。

小镝说，这个老母鸭是最有声望的人，也就是说，他好像是鸡鸭们的主人，只要有他，大家就认为世界非常大。

小凡说，这个红布条是高贵的象征，老母鸭因此觉得世界非常大，鸡鸭们都崇拜他，也就觉得世界非常大。

孩子们沉默着。我看到小镝拿起笔，在学习单上写了一句"社会的世界"，问他为什么这么写。小镝说，书上说，老母鸭有着总统一样高贵的血统，就意味着他是这个世界的总统。有总统，这就是一个完整的社会，在这个社会里，有着明显的等级，丑小鸭被欺负也就是很正常的事了。

每一堂课，都有让你惊喜的时候——这也是我迷恋课堂的原因。当我试着总结鸭妈妈眼里这个广大的世界时，刚刚开口说了一句，小涵就很兴奋地接过我的话，说，这就好比社会上有些很富有的人，他们以为自己的需求很高，世界很大，其实他们的需求很低，世界很小！

哇。他一句话就说透了。

讨论到这里，丑小鸭之丑，已经没有了理解上的难度。丑小鸭觉得自己丑，是因为他一直被人嘲笑，他也就自然觉得自己丑了。我告诉孩子们，这叫自卑。

下课铃响时，我抛给孩子们一个话题：如果你们在养鸡场，你们是鸡鸭中的一员，面对着这个和你不一样的丑小鸭，你会怎么选择？

孩子们马上热情高涨，纷纷表态要和丑小鸭站在一起，和他做朋友，鼓励他、帮助他。我笑着说，我知道你们都很善良，可是你们有没有想过，如果你和他站在一起，你就有可能成为所有鸡鸭排挤的对象。也就是说，所有的鸡鸭也会啄你，甚至不让你吃饭，你还会选择和他在一起吗？

孩子们眼睛亮亮的，非常恳切地说："是的！"

"不一定啊！"我笑了，"因为你们没有在那个真实的场景里。其实，做选择是很难的，这个话题，我们还会在后面讨论，这节课就到这里吧。"

小泽站起来，说："可是，上完这节课，我发现自己毫无头绪啊。"

"为啥？"

他犹豫了一下，说："如果我选择和丑小鸭在一起，也许会后悔的，我想我不一定能忍受大家对我的嘲笑。"

多了不起的自我反省！这堂课竟然这样结束！

三个问题的整理和书写，作为家庭作业完成。

几个年轻人围过来，很激动地讨论这节课。慧的眼眶湿了，她说尤其最后一个话题，虽然就是几分钟，但一下子触动了她。人生就是抉择，我说，在另外的故事里，我们会用科尔伯格的道德六阶段来帮助孩子理解，面对抉择时，如何听从内心的声音。娜说，她昨天听课，觉得自己懂了；今天听课，发现又懂了昨天不懂的地方。爽说，有几个孩子的发言真的很好诶，可惜被你挡回去了……

作业单上，佳佳写下了一个问题：那些啄丑小鸭的鸡鸭，是不是也有的其实不想啄他，但是看到大家都啄他，也就跟着啄他了？

你在天鹅蛋里待过吗

前两部分讨论结束后，我们开始阅读这两部分的剧本，孩子们选自己喜欢的角色，在课堂上练习表演。不少孩子尝试丑小鸭的角色，小杰的表演，最能打动人。她把丑小鸭低到尘埃里的感觉，演绎得淋漓尽致。

第三部分是沼泽地遇到的危险，我们讨论了大雁和野鸭对待丑小鸭的不同态度，再一次理解丑小鸭的选择。在这一部分，我把"苦难是一种诅咒，还是一种祝福"的辨析带到孩子们面前。在沼泽地的丑小鸭，经历了被嘲笑、挨饿和死亡的苦难，他的选择是——他急忙跑出这块沼泽地，拼命地跑，向田野上跑，向牧场上跑。这时吹起一阵狂风，他跑起来非常困难。

丑小鸭没有被苦难打倒，反而更加强大。于是，苦难成为祝福，这里有鸭妈妈给予他的力量，也有他自己内心的力量——当他决定离开家的时候，力量就开始生长了。

第四部分是农家小院的选择，这是非常重要的一个章节。农家小院是丑小鸭人生的转折点。之前的丑小鸭，选择是被动的；农家小院的选择，是主动的，意味着丑小鸭的觉醒。在农家小院，如果丑小鸭愿意和猫、母鸡一样取悦老太太，他就可以留下来，吃住无忧。丑小鸭明知前途未知，依旧决绝地离开——对自由的追求，高于一切。

"自由"，是这一部分讨论的核心概念。

最后一部分的讨论，是整个故事的高潮。当丑小鸭发现自己变成了美丽的天鹅，听到岸上孩子们的赞美时，他感到非常难为情。他把头藏到翅膀里面去，不知道怎么办才好。他感到太幸福了，但他一点也不骄傲，因为一颗好的心是永远不会骄傲的。

"一颗好的心"，到底是怎样的一颗心？

美好的、谦虚的、努力的、坚持的……当孩子们都觉得，这些词语都无法准确表达时，我说："丑小鸭看到天鹅时，用了一个什么词来形容这些鸟儿？"

"高贵！"

"那是丑小鸭眼里高贵的鸟儿，也是丑小鸭的梦想和渴望。所以，丑小鸭的这颗好的心，是一颗怎样的心？"

"一颗高贵的心！"

"对，就是这个词，高贵！"

孩子们竟然激动到鼓掌欢呼："就是这个词！"

豁然开朗的喜悦，照亮了每一个孩子。

"'只要你曾经在一只天鹅蛋里待过，就算你是生在养鸭场里也没有什么关系。'问题是，有人说，丑小鸭是从天鹅蛋里出来的，他不是鸭子，所以，不管他是否努力，他都会成为一只高贵的天鹅。是这样吗？"

　　孩子们理解得很棒："如果他不离开养鸭场，他就是一个和大家长得不一样的丑小鸭，一辈子遭人嘲笑；如果他不离开农家小院，他就是一个靠着讨好老太太才能活下去的'怪物'。所以，天鹅蛋是一个象征，一颗高贵之心的象征。"

　　"你在天鹅蛋里待过吗？"

　　小杰说："我在天鹅蛋里待过，当我因为做事情很慢被人嫌弃的时候，我没有嫌弃自己，我知道我有很多美好的东西是别人看不到的。现在，大家都知道我的朗读很好，我写的字很好，我的表演也很好。"

　　小杰是一个很有韧性的孩子。她有极强的书写能力，没事就写，一年级时，她就能写出全班同学的名字。当我不经意看到小杰的《丑小鸭》读本时，我被她震惊了。几乎在每一页里，她都写下了自己的思考；在文章的末尾，她写了大大的一行：我就是那只丑小鸭变成的白天鹅！我有一颗高贵的心！

　　角色竞选时，小杰以百分之百的票数，赢得了丑小鸭的角色。正式演出时，她被困在冬天的湖里，不停地不停地旋转，直到重重地摔倒在地，幕后的我，眼泪一下子掉下来。幕后的孩子们也悄悄说："我们好心疼小杰啊！"

　　小杰在这个故事里长大了。就像幼时的我，第一次读到丑小鸭，就知道，我现在是故事前半部分的丑小鸭，未来，一定是故事结尾处的白天鹅。

　　小涵竞选到了农家小院里猫的角色，他把猫在丑小鸭面前的趾高气扬，和在老太太面前的献媚讨好，演得活灵活现。这个孩子，原本有着极高的表演天赋。

　　谢幕后，孩子们齐唱《丑小鸭之歌》：

　　曾躲墙角隐藏自己

曾因冷落默默哭泣

期盼雨后彩虹无比绚丽

渴望星星带来阳光升起

迎着不断的风雨

闯过无数的崎岖

丑小鸭摇晃着身体

追寻着自己的美丽

寒来暑往永不放弃

大风刮走了旧衣

大雨让我的心灵洗礼

冰雪给我带来了白衣

温暖阳光照耀大地

一只白天鹅腾空而起

我找到了彩虹的绚丽

我看到了阳光的升起

我一天一天长大

我不再不再是丑小鸭

我努力努力变化

白天鹅飞起来你看到了吗

……

听着孩子们的歌声，泪不自禁。所有看演出的家长、老师，竟然也都哭得稀里哗啦。

一个家长和我说，常老师，你带过的学生有一个最大的特点：他们爱说梦想，他们是一群有梦的孩子。

感谢这些伟大的故事。是故事本身，给了孩子们梦想和力量。

四
班级故事：为什么要上学

全课程致力于"为生活重塑教育"，就意味着学校是孩子当下生活的场所，而不是为未来生活做准备的地方；学习，就是丰富经验并不断重塑观念的过程——教育的过程和目的是完全相同的。

二年级结束时，我和孩子们再一次讨论了"为什么要上学"的话题。

这个问题的关键在于：我们的校园和教室，能给孩子什么样的体验和感受？

词语是我们的故乡。孩子如何言说，就在如何生活。

鸣说，上学就是要大家在一起，一起讨论，一起学习；如果只是为了学习知识，哪儿都可以学，未必要来学校。当我们更加重视课堂和日常生活中的对话时，"我们在一起"就有了切己的体验。所以，后面几个孩子马上补充了鸣的发言。

我把"在一起"写在黑板上，一个孩子又补充说，如果不来学校，很多东西无法分享。来到学校，大家不但一起分享，还能不断去获得更多自己想知道的东西。

我总结了一句："学习就是不断往前走，是吗？"辰恍然大悟，惊呼道："哦，学习也是一种探险！而且，我们一起去探险！就像《亲爱的老师收》里的迈克尔，一个人冒险总会无聊的，他还是要回到学校，和大家一起。"

这是让人愉悦的讨论。此时，学习的经验被唤醒，在相互碰撞中，孩子们又有了新的理解。而且，他们也已经擅长用读过的故事来证明自己的观点。杜威说，语言固然是思想的手段，逻辑的手段，但最重要的还是社会的工具，是一种交往的手段，是一个人用于分享自己和他人的思想情感的手段。

博转到了另一个话题。他说，上学的目的，是要快乐地学习，就像老虎塔拉那样——这也是我们一起读过的故事，是一只叫塔拉的小老虎快乐成长的故事。安站起来，问了一个问题：玩的时候怎么可能学习？博很快乐地回应他：玩的时候，你不知道你在学习，其实学习已经发生了。如果你还不懂，可以再读读塔拉成长的故事。

在博的表述中，快乐只是一个副词，用来修饰学习和成长。在安的世界里，快乐意味着玩，是目的。孩子对学习的体验和感受如此不同，是因为他们的生活背景完全不同。博的家庭生活，学习也在其中；安的家庭生活，则和学习是剥离的。要让安的学习和生活融为一体，需要比较长的时间。

不长时间，黑板上已经写满了孩子的发言。我追问了一句："上学，要学什么？你们说是知识，可我告诉你们，你们今天学到的知识，在你们长大之后很多都是没用的，请问，你们上学学什么？"

在话题讨论中，孩子是讨论的主体，老师是引领讨论方向的人。

孩子们的思维又一次被打开。泽很兴奋地说："我又有了一个新的观点，其实，知识只是一个工具，我们要用这个工具不断去学习新的知识。打个比方，课堂上，老师定一个主题让我们讨论，如果你的脑袋里空空荡荡的，怎么能讨论呢？我们要用以前学过的知识去思考，去和大家分享，这就比我们在家里一个人思考得到的多。"

佳佳很淡定："知识是一个让我们变聪明的工具，所以，上学，就是要学会怎样去学习。就像《鳄鱼哥尼流》中的哥尼流，猴子是他的老师，但他必须要自己不断练习，才能学会各种本领。他之前的那些本领，就是能够继续学习的工具。对了，猴子说，他的帮助只是一点点，他必须要自己学会。"

最后一句，说得很坚定。这可是佳佳的生日故事。

学习如何学习——我真是骄傲孩子们对学习的看法。而且，言之有理，说出的每一个词语都是他们理解的。

更让我惊讶的，是远远接下来的补充："学习，也是为了能改变世界。就像哥尼流那样，他改变了河滩上所有鳄鱼的生活。"

"对，还有《点》里的瓦士缇，她也影响了那个来看她画展的小男孩。"小爱说这句话时，脸都涨红了。

两年的生活，远远和小爱，也看到了自己的力量。远远依旧不爱说话，喜欢画画，但内心越来越坚定。小爱有了自己的好朋友，经常有灿烂的笑容。

……

孩子们的思维不断发散又聚拢，然后再发散出去：上学，能看到更好的自己；上学，能被朋友需要；上学，能做很多有趣的事……最后，我让孩子们给黑板上的词语排序，完成一份关于"为什么要上学"的报告——依照自己认为的重要顺序，写出至少五条上学的理由，并做解释。

"快乐学习""在一起"和"学会学习"出现频率最高，90%的孩子把"快乐学习"放在首位。

为什么快乐的学习体验，对孩子来说这么重要？脑科学告诉我们，人的大脑分为三个系统：被称为爬行动物脑的脑核系统，古哺乳动物脑的脑缘系统和哺乳动物脑的皮质层。这三个系统是分阶段先后发育的，其中大脑皮质层是最后发育的系统，在青春期才进入高速发育期。小学阶段，是脑缘系统发育的关键期。脑缘系统处在脑核和皮质层中间，情绪和理性都可以在这里得到发展。当大脑有快乐的情绪体验，孩子就会表现出高涨的学习热情，学习效率会大大提高。反之，如果学习是痛苦的，脑缘系统受到威胁，表现出来的就是厌学，学习效率低，并伴随其他行为问题。脑科学还发现，如果脑缘系统受损，大脑皮质层就会提早发育，孩子们会变得"懂事""听话"。这种心理上的早熟，会给成年后的心理健康埋下巨大的隐患。

一年级结束时，鑫然依据《爸爸去哪儿了》的曲调，曾经写下了这样一首歌词：

我们学校，真的很酷。
我们三头六臂，什么都能做。
我们学校是那么好玩，
老师们整天忙来忙去。
学校学校我们去哪里呀？
校长说我们去玩呀。
学校学校我们去哪里呀？
老师说一起来玩呀。

一颗颗快乐的心，始终好奇，始终热爱。

图书在版编目（CIP）数据

孩子们都喜欢的语文课 / 常丽华著． -- 武汉 ：长江文艺出版社，2023.6
（大教育书系）
ISBN 978-7-5702-2994-9

Ⅰ.①孩… Ⅱ.①常… Ⅲ.①语文教学－教学研究 Ⅳ.①H193

中国国家版本馆 CIP 数据核字(2023)第 020664 号

孩子们都喜欢的语文课
HAIZIMEN DOU XIHUAN DE YUWEN KE

| 责任编辑：马　蓓 | 责任校对：毛季慧 |
| 设计制作：格林图书 | 责任印制：邱　莉　王光兴 |

出版：长江出版传媒　长江文艺出版社
地址：武汉市雄楚大街 268 号　　邮编：430070
发行：长江文艺出版社
http://www.cjlap.com
印刷：长沙鸿发印务实业有限公司

开本：720 毫米×970 毫米　1/16　　印张：15.25　　插页：1 页
版次：2023 年 6 月第 1 版　　2023 年 6 月第 1 次印刷
字数：213 千字

定价：45.00 元

版权所有，盗版必究（举报电话：027—87679308　87679310）
（图书出现印装问题，本社负责调换）